Índice

Guía práctica para el desarrollo de experiencias de aprendizaje servicio universitario (ApSU)

Ana Luisa López-Vélez,
María Teresa Vizcarra Morales,
Rakel Gamito Gomez (coords.)

ANÁLISIS Y ESTUDIOS **90** GRAÓ

Colección Análisis y Estudios

Serie: Formación y desarrollo profesional del profesorado

© Ana Luisa López-Vélez, María Teresa Vizcarra Morales, Rakel Gamito Gomez (coords.), José Santiago Andrade Zapata, Olatz Bastarrica Varela, Bastian Carter-Thuillier, Haizea Galarraga Arrizabalaga, Ainhoa Gómez-Pintado, Irati Leon Hernandez, Paulina Martínez Pinto, Alberto Moreno Doña, Inés Palape Pavelic, Johan Rivas Valenzuela, Gaby Andrea Sepúlveda Araya

© de esta edición: Editorial GRAÓ (MUNICOMBEL, S.L.)

c/ Gran de Gràcia, 243-245, 1.ª planta, local 3. Barcelona

www.grao.com

1.ª edición: marzo 2026

ISBN: 979-13-87863-72-2

D.L.: B 4638-2026

Diseño: Maria Tortajada Carenys

Introducción

Rakel Gamito Gomez
Haizea Galarraga Arrizabalaga
Ana Luisa López-Vélez
Universidad del País Vasco

Este texto nace del proyecto «Investigando sobre el aprendizaje-servicio universitario en los grados relacionados con educación para fomentar la inclusión y la justicia social» y es el resultado de un recorrido colectivo compartido entre universidades de Iberoamérica.

El proyecto ha sido financiado en la convocatoria competitiva «Proyectos de investigación con Latinoamérica 2023» de la Universidad del País Vasco/Euskal Herriko Unibertsitatea (UPV/EHU) en el año 2024 y ha tenido como objetivo investigar, dialogar y construir conocimientos en torno al aprendizaje servicio universitario (ApSU).

El equipo de investigación ha sido liderado por Ana Luisa López-Vélez y María Teresa Vizcarra Morales y ha participado personal docente e investigador de seis universidades:

- Andrade Zapata, José Santiago; Pontificia Universidad Católica del Ecuador (PUCE, Ecuador).
- Bastarrica Varela, Olatz; Universidad del País Vasco/Euskal Herriko Unibertsitatea (UPV/EHU).
- Carter-Thuillier, Bastian; Universidad de Los Lagos (ULagos, Chile).
- Galarraga Arrizabalaga, Haizea; Universidad del País Vasco/Euskal Herriko Unibertsitatea (UPV/EHU).
- Gamito Gomez, Rakel; Universidad del País Vasco/Euskal Herriko Unibertsitatea (UPV/EHU).
- Gómez-Pintado, Ainhoa; Universidad del País Vasco/Euskal Herriko Unibertsitatea (UPV/EHU).
- Leon Hernandez, Irati; Universidad del País Vasco/Euskal Herriko Unibertsitatea (UPV/EHU).
- López-Vélez, Ana Luisa; Universidad del País Vasco/Euskal Herriko Unibertsitatea (UPV/EHU).
- Martínez Pinto, Paulina; Universidad de Tarapacá (UTA, Chile).
- Moreno Doña, Alberto; Universidad de Valparaíso (UV, Chile).

- Palape Pavelic, Inés; Universidad Arturo Prat (UNAP, Chile).
- Sepúlveda Araya, Gaby Andrea; Universidad Arturo Prat (UNAP, Chile).
- Vizcarra Morales, María Teresa; Universidad del País Vasco/Euskal Herriko Unibertsitatea (UPV/EHU).

Todas ellas han contribuido desde sus trayectorias y contextos a construir este proyecto colaborativo y transnacional. Pertenecer a países, universidades y trayectorias distintas, así como las diferencias metodológicas, lingüísticas, institucionales, incluso horarias, no ha sido un obstáculo, sino que nos ha permitido establecer una relación de intercambio y de aprendizaje de gran valor tanto en lo académico como en lo personal. Por este motivo, el texto es reflejo de esa polifonía de voces.

A lo largo del proyecto nos hemos dedicado a reflexionar, a formarnos y, sobre todo, a aprender en comunidad. Lo hemos hecho a través de tertulias metodológicas, encuentros científicos, publicación de artículos y la organización de tres *webinars* que han abordado las distintas fases en las que se desarrolla un proyecto de aprendizaje servicio en el ámbito universitario (ApSU): diseño, seguimiento y evaluación. En dichos encuentros tuvimos la oportunidad de escuchar y rescatar las voces de aquellos colectivos implicados en estos procesos de ApSU: estudiantes, profesorado y agentes de las comunidades y entidades sociales[1] implicadas.

Fruto de todo este proceso han surgido materiales, instrumentos, preguntas y propuestas que deseamos compartir, con la esperanza de que puedan ser un mapa abierto que invite o acompañe a otras personas y colectivos a emprender su propio viaje en la práctica de la metodología ApS.

Creemos que el ApSU no es solo una metodología útil para enseñar, sino una forma distinta de entender lo que significa aprender, enseñar y estar en la universidad. Implica abrir las aulas al mundo, conectar el conocimiento con las necesidades reales del entorno y apostar por una educación que no se limite a transmitir contenidos, sino que también ayude a construir comunidad, compromiso y conciencia social. En ese sentido, este libro nace del deseo de

....

1. En el marco del aprendizaje servicio, se entiende por *entidad social, entidad colaboradora, socio comunitario* y similares cualquier organización, institución o colectivo social externo a la institución educativa que participa activamente en el proyecto, ofreciendo un contexto real de intervención, aportando recursos y acompañamiento y asumiendo de manera conjunta la responsabilidad del proceso. Por tanto, se utilizarán dichos términos indistintamente durante este libro, para hacer referencia a todos los colectivos comunitarios externos que participan activamente.

contribuir a una universidad más implicada, más humana y más conectada con los desafíos actuales, tanto educativos como sociales. En resumen, creemos que el ApS no es simplemente una técnica pedagógica, sino una forma de posicionarse en la universidad y en la sociedad desde una mirada crítica, inclusiva y justa.

Al trabajar desde esta mirada, descubrimos que el ApSU no solo transforma a quienes participan en los proyectos, sino también a quienes los impulsan. Como equipo, hemos vivido este proceso como una oportunidad para revisar nuestras propias prácticas, escuchar otras voces y aprender en común.

A lo largo de este proceso, también hemos constatado que el ApS no se limita al ámbito académico: moviliza emociones, vínculos y sentidos que no siempre se abordan en los programas universitarios. La implicación con personas y realidades concretas despierta preguntas profundas y activa una dimensión afectiva que forma parte inseparable del aprendizaje, creando vínculos y un gran valor formativo.

Al mismo tiempo, hemos tenido que repensar nuestro lugar como docentes. El ApSU no solo transforma al alumnado, también a quienes lo acompañamos. Así, nos ha llevado a compartir protagonismo, decisiones y a transitar hacia una docencia más horizontal, donde facilitar, escuchar y sostener forman parte de lo que definimos como enseñar.

Aun con todo, cabe mencionar que la apuesta por el ApSU también nos enfrenta a tensiones reales: equilibrar los tiempos académicos con los procesos comunitarios; negociar con estructuras institucionales –en ocasiones– rígidas; revisar nuestros propios marcos de docencia; etc. Este libro no elude esos desafíos, sino que los intenta abrazar como parte de un trayecto honesto y colectivo.

Subrayamos, por ello, que lo que aquí compartimos no es un manual ni una receta, sino una memoria viva del camino transitado. Por eso, mas qué ofrecer respuestas cerradas, este texto quiere abrir nuevos senderos y compartirlos.

Sabemos que muchas personas ya están impulsando proyectos valiosos en distintos contextos desde esta perspectiva, y por eso este libro no pretende enseñar, sino dialogar. No pretendemos dar lecciones, sino sumar. Queremos aportar desde la experiencia vivida, con respeto a otras trayectorias y con el deseo de seguir tejiendo redes y construyendo aprendizaje entre quienes creemos que otra forma de hacer universidad es posible.

En cuanto a su estructura, el libro se compone de cinco capítulos que responden a una lógica sencilla y práctica, a la vez que reflexiva y significativa:

- *Capítulo 1:* ofrece las *bases conceptuales del ApS*, en especial su aplicación en el contexto universitario. Aborda el rol de los diferentes colectivos implicados, los beneficios que genera y los principios clave de transferencia y colaboración transformadora.
- *Capítulo 2:* se centra en la *puesta en marcha de un proyecto de ApSU*, profundizando en esa fase inicial tan determinante. Se presentan materiales elaborados por el equipo y orientaciones sobre su uso.
- *Capítulo 3:* aborda el *seguimiento de los proyectos* y propone herramientas de autoevaluación pensadas para aplicar una vez iniciado el proceso, tanto para el profesorado como para el alumnado y las entidades socioeducativas implicadas.
- *Capítulo 4:* se dedica a *la evaluación y el cierre de los proyectos*, haciendo énfasis en los instrumentos necesarios para valorar el impacto y extraer aprendizajes significativos.
- *Capítulo 5:* recoge una *recapitulación general* de los aspectos compartidos a lo largo del texto y plantea una reflexión abierta sobre los desafíos, límites e interrogantes que siguen vivos en torno al ApSU.

En definitiva, este libro quiere ser punto de partida y no de llegada. Un gesto de apertura hacia quienes, como nuestro equipo, creen que la universidad puede (y debe) implicarse activamente en la construcción de una educación de calidad para todos y todas, y una sociedad más justa y equitativa que sirva como reflejo para los entornos educativos.

1

Bases del aprendizaje servicio universitario

Haizea Galarraga Arrizabalaga
Rakel Gamito Gomez
Ana Luisa López-Vélez
Universidad del País Vasco

El capítulo presenta el aprendizaje servicio universitario como una pedagogía que integra formación académica y compromiso social. Expone sus principios, beneficios, agentes y fases y destaca su potencial transformador y su aporte a la justicia social.

Fundamentos del aprendizaje servicio

El *aprendizaje servicio* (ApS) es mucho más que una estrategia metodológica: es una forma de entender la enseñanza y el aprendizaje como procesos conectados con la vida, con las comunidades, con la dimensión ética y con la justicia social (Puig et al., 2007). Representa una propuesta educativa integral que trasciende la mera aplicación de una metodología para posicionarse como una filosofía pedagógica. Busca articular de forma inseparable procesos de enseñanza aprendizaje situados y servicios a la comunidad basados en el compromiso social y la ciudadanía activa, siempre desde una lógica de reciprocidad (Rubio, 2007; Sartor-Harada et al., 2020; Tapia, 2008).

Se enlazan, por tanto, tres principios fundamentales: alumnado como protagonista de su propio camino de aprendizaje; intencionalidad para responder a una necesidad real, y, por último, vinculación con el ámbito curricular (Santos, Lorenzo y Sáez, 2025). En esa ecuación, las entidades colaboradoras son esenciales, pues conectan al alumnado con las necesidades reales de la comunidad. Su participación asegura que el proyecto tenga sentido social, favorece un aprendizaje transformador y promueve una relación de corresponsabilidad entre la institución educativa y el entorno.

Los procesos de enseñanza aprendizaje deben ser rigurosos e integrar contenidos curriculares, habilidades, valores y reflexiones críticas que se construyen desde la experiencia directa y la acción (Balduzzi et al., 2025). Los servicios solidarios, por su parte, deben enfocarse en el ámbito social y responder a desafíos o necesidades del entorno próximo, no siempre visibilizadas ni atendidas, cuya desatención puede generar desigualdades, reproducir exclusiones y limitar un desarrollo verdaderamente equitativo, justo y sostenible (McIlrath, 2016; Puig, 2025).

Para ello, el ApS sitúa al alumnado en el centro del proceso, como agente activo que aprende en contextos reales, haciendo, reflexionando y transformando su entorno (Avilés y Payá, 2025; Tapia, 2006). Los servicios deben coordinarse estrechamente con la comunidad, estableciendo canales de comunicación continuos y horizontales entre todas las partes implicadas. Asimismo, deben garantizar que las intervenciones sean pertinentes y efectivas para responder adecuadamente a las necesidades reales detectadas y mejorar el contexto.

Esto se traduce en beneficios concretos para el alumnado en ámbito académico, profesional, interpersonal y social:

- El ApS mejora la comprensión de los contenidos, promueve un pensamiento crítico sobre el desarrollo social y fortalece la capacidad para resolver problemas complejos.
- Potencia habilidades de liderazgo, comunicación y trabajo colaborativo.
- Mejora la relación con contextos reales y con la comunidad. Fortalece la autoestima, el sentido de eficacia y la conciencia ética.
- Desarrolla la empatía, la cooperación y la responsabilidad. Favorece la comprensión intercultural, la lucha contra los estereotipos y el compromiso con la equidad y la justicia social.

En resumen, tal y como apuntan Celio, Durlak y Dymnicki (2011), el alumnado que participa en programas de ApS demuestra mejoras en diversas áreas, como por ejemplo: actitudes hacia sí mismos, actitudes hacia el aprendizaje, compromiso cívico, habilidades sociales y rendimiento académico.

Asimismo, el profesorado también experimenta beneficios significativos, tanto en el plano profesional como en el personal. La implementación de proyectos de ApS favorece el desarrollo de metodologías innovadoras y participativas, mejora la motivación docente y enriquece la práctica pedagógica a través del contacto directo con problemáticas sociales reales (Díaz, 2006;

Furco, 2007). La puesta en marcha de proyectos de ApS ofrece al profesorado un contexto real de investigación acción, donde despliega una concepción distinta de la enseñanza y el aprendizaje. Además, contribuye al fortaleci-miento del compromiso profesional y ético, así como a la construcción de vínculos más sólidos con el estudiantado y con el entorno social. Este enfo-que favorece también la formación continua del profesorado y su rol como agente activo de transformación social.

Por su parte, la comunidad se ve directamente beneficiada, al estable-cerse relaciones de colaboración y reciprocidad con la institución educativa. Los proyectos de ApS pretenden generar un impacto positivo en el entorno, respondiendo, como hemos mencionado anteriormente, a necesidades con-cretas y fortaleciendo el tejido social. Se promueve la cohesión comunitaria, el empoderamiento ciudadano y el sentido de pertenencia, al tiempo que se fomenta una cultura de cooperación, solidaridad y corresponsabilidad. Tal y como manifiesta Batlle (2020), el ApS no solo debe entenderse desde un en-foque educativo, sino también desde el enfoque de desarrollo social, ya que es de especial interés y provecho para toda la sociedad.

Este doble enfoque del ApS permite establecer un binomio que enriquece y da sentido a los elementos pedagógicos y a la participación sociocomunitaria a la vez, lo que genera beneficios que trascienden las fronteras del aula y se proyectan hacia la mejora colectiva. Así, Puig (2022) afirma que el ApS contri-buye a cambiar la propia finalidad de la educación, que pasa de ser «preparar al alumnado para la vida» a «prepararlos para cambiar la vida», fomentando el impulso por el cambio social como eje de las prácticas educativas.

¿Por qué apostar por el aprendizaje servicio en la universidad?

En un mundo cada vez más desigual, complejo y cambiante, las universidades están llamadas a jugar un papel proactivo, fomentando la formación integral y asumiendo un liderazgo basado en la responsabilidad social (Fernández-Hawrylak et al., 2020). Dicho ejercicio no siempre se ejerce y en esto el ApS se consolida como herramienta clave para conectar la formación profesional con los desafíos que caracterizan el contexto global actual (Martínez, 2025; Saltmarsh, 2005).

Actualmente no basta con formar profesionales técnicamente competen-tes. Es urgente formar personas capaces de leer críticamente la realidad, de implicarse en su mejora y de trabajar colaborativamente para enfrentar los retos sociales, económicos y medioambientales desde una perspectiva ética y sostenible (CRUE, 2012, 2018).

En esa línea, el ApSU responde a varios desafíos de la enseñanza superior actual (Papa, 2020). Las prácticas y proyectos de ApSU están alineados con los principios de la educación para el desarrollo sostenible, tal como establece la Agenda 2030 y sus Objetivos de Desarrollo Sostenible. Situar el aprendizaje en contextos reales permite vincular o contrastar de manera significativa la teoría y la práctica, lo que refuerza las competencias transversales y profesionales. Las conexiones establecidas fomentan las relaciones horizontales entre la universidad y diversos agentes o colectivos de la comunidad. Como se trata de una experiencia educativa transformadora, contribuye a la comprensión intercultural, la defensa de colectivos vulnerables, la inclusión y la equidad. Y todos los procesos desplegados promueven la construcción de identidades profesionales comprometidas y capaces de actuar ante las desigualdades e injusticias sociales.

Además, todo el proceso impacta también directamente en la propia identidad docente, que, teniendo en cuenta que la educación no puede cambiar si no se modifican las formas de situarse como profesionales (Alonso et al., 2019), se trata de un aspecto clave. El ApSU, más que una metodología o estrategia específica, se posiciona como reforma de la mirada del rol docente y la propia universidad.

Así, el ApSU se entiende como una acción de transferencia que impulsa una universidad abierta. Se entiende el conocimiento como un proceso de construcción compartido entre universidad y sociedad. El alumnado participa con la comunidad y no para la comunidad (Batlle, 2018). La transmisión se da en una doble dirección: el saber académico se pone al servicio de la comunidad, pero también los saberes y las experiencias comunitarias enriquecen el proceso formativo. De esta manera, la universidad muestra que es capaz de aprender con y desde las personas con quienes colabora.

Agentes implicados y sus roles

Un proyecto de ApSU se sostiene sobre la colaboración entre todas las personas implicadas: el alumnado, el profesorado (la universidad) y las entidades colaboradoras, que pueden ser instituciones educativas, organizaciones sociocomunitarias e, incluso, administraciones públicas (la comunidad) (Batlle, 2018).

Cada uno de estos colectivos cumple un papel fundamental (Furco, 2007). El alumnado participa activamente en todas las fases del proyecto, desde la identificación de problemáticas o necesidades a la construcción colectiva de soluciones y la evaluación del proyecto. La universidad supera las relaciones tradicionales jerárquicas y establece vínculos de mutua confianza entre agentes diversos, mientras que el profesorado actúa como guía, acompañante y facilitador de procesos (Harkins et al., 2020; Jagla y Tice, 2019). Las entidades colaboradoras, por su parte, no son receptoras pasivas del servicio, sino aliadas estratégicas y cocreadoras del proceso desde el inicio de los proyectos (Aramburuzabala et al., 2015; Arribas-Cubero et al., 2022).

Todo ello exige coordinación, diálogo constante, respeto y cooperación efectiva entre diversas instituciones y agentes sociales (Chika-James, 2020; Harkins et al., 2020). Establecer una red de colaboración y desarrollar una buena sintonía entre todos los agentes implicados es clave, dado que fortalece los proyectos, aporta recursos y conocimientos complementarios y garantiza un impacto social significativo y sostenible.

Además, el éxito de los proyectos de ApSU, tanto de los servicios ofrecidos como de las dinámicas de aprendizaje puestas en marcha, es una aportación para todas las partes. Para el alumnado, representa una oportunidad para contextualizar el aprendizaje, comprender la realidad social de forma crítica y desarrollar habilidades profesionales y personales que difícilmente se alcanzan solo desde el aula. Para la comunidad, representa una respuesta a desafíos o carencias concretas, promoviendo procesos participativos y de mejora social. Para la universidad, implica una renovación en sus funciones institucionales tradicionales, integrando la docencia, la investigación y la responsabilidad social bajo un enfoque ético y sostenible para consolidarse como agente de cambio social.

Las fases del aprendizaje servicio: un mapa para comenzar

Aunque el desarrollo de un proyecto de ApS no siempre sigue un orden lineal, se identifican siete fases esenciales que permiten estructurar el proceso (Puig, 2015):

- *Borrador de la idea:* recoger las ideas principales del proyecto (la necesidad social detectada, el servicio que se ofrecerá y los aprendizajes que se promoverán).

- *Establecer relaciones con entidades sociales:* contactar con los actores implicados (centros educativos, organizaciones, servicios públicos, etc.) para compartir ideas y consensuar decisiones.
- *Planificación:* definir con precisión las tareas del servicio y los objetivos pedagógicos. Implicar a la comunidad educativa y acordar la organización de la gestión del proyecto (cronograma, horarios, materiales, etc.).
- *Formación:* junto con el alumnado, diagnosticar el problema, concretar el proyecto y fomentar su compromiso y motivación. Es necesario guiarlos para que investiguen sobre la necesidad, diseñen y planifiquen el servicio, documenten el proceso y reflexionen sobre los saberes adquiridos.
- *Puesta en marcha:* ejecutar el servicio. Para ello, es imprescindible interactuar con personas y entidades del entorno. El proyecto debe ser registrado, comunicado y difundido, al tiempo que se reflexiona sobre las experiencias y aprendizajes derivados del proceso.
- *Cierre y celebración:* reflexionar individual y colectivamente sobre los resultados obtenidos (aprendizajes y calidad del servicio), decidir los pasos que seguir (continuar, modificar el proyecto, etc.) y celebrar la experiencia vivida.
- *Evaluación:* evaluar tanto al equipo como al proyecto. Se deben valorar distintos aspectos de este para identificar áreas de mejora: el trabajo con las entidades, el servicio prestado, el funcionamiento del grupo, la experiencia de aprendizaje, el rol dinamizador y la autoevaluación.

Para avanzar hacia la dimensión practica de las fases enumeradas, a lo largo de los capítulos siguientes se profundiza en ellas y se ofrecen orientaciones. Los capítulos se centran en la puesta en marcha de proyectos de ApSU (capítulo 2); el seguimiento del proceso (capítulo 3); y la evaluación del proyecto (capítulo 4).

Como se puede observar, cada capítulo responde a algunas de las fases indicadas, y en ciertos casos algunas fases aparecerán en varios capítulos, ya que se abordan transversalmente. Compartiremos herramientas, instrumentos y ejemplos desarrollados en el marco del proyecto de investigación «Investigando sobre el Aprendizaje-Servicio Universitario en los grados relacionados con el ámbito educativo para fomentar la inclusión y la justicia social», con el deseo de que sirvan de inspiración y guía práctica para quienes deseen comenzar o seguir avanzando en este camino. De este modo, la reflexión teórica desarrollada en este primer capítulo encuentra continuidad en las propuestas metodológicas de los siguientes.

Recapitulación

A lo largo de este capítulo se ha presentado el ApS como una propuesta pedagógica integral que articula formación académica y compromiso social, situando al alumnado en el centro de los procesos de enseñanza aprendizaje significativos y conectados con la realidad. Se han expuesto sus fundamentos, los beneficios constatados para el alumnado, el profesorado y la comunidad, así como el potencial del ApSU para transformar no solo la enseñanza superior, sino también el papel social de la universidad. Asimismo, se ha subrayado la importancia de la reciprocidad, la corresponsabilidad y la colaboración entre los distintos agentes implicados y se han descrito las fases esenciales que estructuran el desarrollo de los proyectos de ApS.

En conclusión, el ApSU se configura como una vía privilegiada para promover una educación comprometida, inclusiva y orientada a la justicia social, que contribuye a construir universidades implicadas, éticas y transformadoras.

Referencias bibliográficas

Alonso, I. et al. (2019). La identidad académica del profesorado de aprendizaje-servicio. Una manera transformadora de ser y estar en la universidad. *Bordón, Revista de Pedagogía, 71*(3), 133-150. https://doi.org/10.13042/Bordon.2019.68435

Aramburuzabala, P., Cerrillo, R. y Tello, I. (2015). Aprendizaje-servicio: una propuesta metodológica para la introducción de la sostenibilidad curricular en la Universidad. *Profesorado, Revista de Currículum y Formación del Profesorado, 19*(1), 78-95. https://www.ugr.es/~recfpro/rev191ART5.pdf

Arribas-Cubero, H. F. et al. (2022). La ausencia de voz de las entidades en los proyectos de aprendizaje-servicio: propuesta de una herramienta para analizar y mejorar su participación. *RIDAS, Revista Iberoamericana de Aprendizaje-Servicio*, (13), 40-59. https://doi.org/10.1344/RIDAS2022.13.3

Avilés, F. y Payá, M. (2025). La solidaridad en acción: fundamentos teóricos y vínculos con el ApS. En X. Martín (coord.), *Pensar el aprendizaje servicio. Ideas teorías y corrientes* (pp. 22-32). Graó.

Balduzzi, E., Fuentes, J. L. y Miatto, E. (2025). *Misión social de la universidad y Aprendizaje-Servicio: referencias teóricas y líneas de investigación emergentes*. Eunsa.

Batlle, R. (2018). *Guía práctica de aprendizaje-servicio*. Santillana educación S.L. https://redjovencoslada.es/wp-content/uploads/2021/08/Guia-practica-ApS.pdf

Batlle, R. (2020). *Aprendizaje-servicio. Compromiso social en acción*. Santillana Acción.

Celio, C. I., Durlak, J. y Dymnicki, A. (2011). A Meta-Analysis of the Impact of Service-Learning on Students. *Journal of Experiential Education, 34*(2), 164-181. https://doi.org/10.1177/105382591103400205

Chika-James, T. A. (2020). Facilitating service-learning through competencies associated with relational pedagogy: a personal reflection. *Higher Education Pedagogies, 5*(1), 267-293. https://doi.org/10.1080/23752696.2020.1 820886

Conferencia de Rectores de Universidades Españolas [CRUE]. (2012). *Directrices para la introducción de la Sostenibilidad en el Curriculum*. CRUE. https://www.crue.org/wp-content/uploads/2020/02/Directrices_Sosteniblidad_Crue2012.pdf

Conferencia de Rectores de Universidades Españolas [CRUE]. (2018). *Crue acuerda su contribución al Plan de Acción para la Agenda 2030 de la ONU*. CRUE. https://www.crue.org/2018/05/las-universidades-acuerdan-su-contribucion-al-plan-de-accion-de-la-agenda-2030/

Díaz, F. (2006). *Enseñanza situada: vínculo entre la escuela y la vida*. McGraw-Hill Interamericana.

Fernández-Hawrylak, M. et al. (2020). Formación universitaria y prácticas extracurriculares: una experiencia de aprendizaje servicio para favorecer la inclusión. *Campo abierto, 40*(1), 21-34.

Furco, A. (2007). Impacto de los proyectos de aprendizaje-servicio. En J. C. Tedesco et al. (Eds.), *Antología 1997-2007. Seminarios Internacionales "Aprendizaje y Servicio Solidario"* (pp. 175-183). EUDEBA.

Harkins, D. A. et al. (2020). Building Relationships for Critical Service-Learning. *Michigan Journal of Community Service Learning, 26*(2), 21-38. https://doi.org/10.3998/mjcsloa.3239521.0026.202

Jagla, V. M. y Tice, K. C. (eds.) (2019). *Educating Teachers and Tomorrow's Students Through Service-Learning Pedagogy*. Information Age Publishing.

Martínez, M. (2025). El ApS, una llave para liderar la transformación que necesita la educación. En X. Martín (coord.), *Pensar el aprendizaje servicio. Ideas teorías y corrientes* (pp. 55-63). Graó.

McIlrath, L. (Coord.) (2016). *Europe Engage Survey of Civic Engagement & Service-Learning Activities within the Partner Universities.* Europe Engage Erasmus+project (European Union).

Papa, R. (Ed.) (2020). *Handbook on Promoting Social Justice in Education.* Springer Nature Switzerland. https://link.springer.com/referencewo rk/10.1007/978-3-030-14625-2

Puig, J. M. (coord.) (2015). *11 ideas clave ¿Cómo realizar un proyecto de aprendizaje servicio?* Graó.

Puig, J. M. (2022). Aprendizaje servicio, cambio de paradigma y revolución educativa. *RIDAS, Revista Iberoamericana de Aprendizaje-Servicio,* (14), 12-35. https://doi.org/10.1344/RIDAS2022.14.2

Puig, J. M. (2025). Espacios de valor en las prácticas de ApS. En X. Martín (coord.), *Pensar el aprendizaje servicio. Ideas teorías y corrientes* (pp. 11-21). Graó.

Puig, J. M. et al. (2007). *Aprendizaje servicio: educar para la ciudadanía.* Octaedro y Ministerio de Educación y Ciencia.

Rubio, L. (2007). *Aprendizaje y servicio solidario (Guías Zerbikas, 0).* Fundación Zerbikas. https://www.zerbikas.es/wp-content/uploads/2015/07/0.pdf

Saltmarsh, J. (2005). The Civic Promise of Service Learning. *Liberal Education, 91*(2), 50-55. https://files.eric.ed.gov/fulltext/EJ697354.pdf

Santos, M. A., Lorenzo, M. y Sáez, D. (2025). *La universidad y el Aprendizaje-Servicio. Lo que importa es la calidad.* Narcea.

Sartor-Harada, A. et al. (2020). Análisis de las competencias docentes en proyectos de aprendizaje-servicio en la educación superior: La percepción del profesorado. *Formación universitaria, 13*(3), 31-42. https://dx.doi.org/10.4067/S0718-50062020000300031

Tapia, M. N. (2006). *Aprendizaje y Servicio Solidario en el sistema educativo y en las organizaciones juveniles.* Ciudad Nueva.

Tapia, M. N. (2008). Calidad académica y responsabilidad social: el aprendizaje servicio como puente entre dos culturas universitarias. En M. Martínez (Ed.), *Aprendizaje Servicio y Responsabilidad Social de las Universidades* (pp. 27-56). Octaedro.

2

¿Cómo poner en marcha un proyecto de aprendizaje servicio universitario?

Ana Luisa López-Vélez
Olatz Bastarrica Varela
Ainhoa Gómez-Pintado
Universidad del País Vasco
Bastian Carter-Thuillier
Universidad de Los Lagos. Chile

El capítulo aborda la puesta en marcha de proyectos de ApSU, desde la conformación del equipo y el diagnóstico de necesidades hasta la planificación, implementación y cierre. Presenta materiales prácticos que orientan el diseño y la coordinación con la comunidad.

Introducción

En este capítulo se presentan los aspectos fundamentales que tener en cuenta para diseñar y desarrollar proyectos de aprendizaje servicio universitario (ApSU). En particular, se describen aspectos relativos al diseño del borrador de la propuesta; las vías para establecer relaciones con entidades; la importancia de realizar un diagnóstico sobre las necesidades sociales a las que se pretende dar respuesta. Además, se abordan la planificación y organización respecto al programa académico; el plan de estudios; las competencias por desarrollar; los resultados de aprendizaje que lograr; las oportunidades de reflexión individual y grupal entre el alumnado. A continuación, se describe el modo en que se desarrolla la formación, motivación y acompañamiento del alumnado, el diseño y la planificación del servicio y la puesta en marcha de la intervención. También se indican aspectos de planificación en lo relativo al seguimiento y la evaluación, pero sobre estos dos últimos aspectos se profundizará en los siguientes capítulos.

¿Qué es la puesta en marcha?

La puesta en marcha generalmente se enmarca dentro de la fase más amplia de preparación de los proyectos de ApSU y sigue varios pasos esenciales:

Conformación del equipo de trabajo

Lo primero es conformar un equipo de trabajo entre el profesorado que se va a implicar activamente en el proyecto de ApSU. Pueden pertenecer a departamentos y disciplinas afines, o conformar un equipo multidisciplinar que aporte su conocimiento al aprendizaje del alumnado y a la respuesta multidimensional del servicio en la comunidad. Es importante establecer un plan de trabajo consensuado desde el comienzo, donde se planifique el calendario, las tareas y las responsabilidades de cada persona que participe en el equipo.

De hecho, en esta misma dirección, Tapia (2006) plantea que el primer paso es lograr acuerdos con las personas responsables de los diferentes niveles de gestión dentro de la universidad, ya sea a nivel general, departamental o de facultad. Esto garantiza que el proyecto tenga el respaldo institucional necesario y que las decisiones se tomen de manera coordinada.

Es fundamental incorporar el proyecto de ApSU dentro del marco institucional de la universidad. Puede que la universidad tenga instancias que fomenten los proyectos de estas características, lo que favorecerá el desarrollo del trabajo, e incluso puede contribuir con recursos personales, materiales y económicos. Por ello, el equipo presentará el proyecto a las instancias necesarias dentro de la universidad, y cumplirá con los requisitos y permisos requeridos desde la institución.

Formación y motivación inicial con el alumnado

Una vez cumplido el paso anterior, se inicia la fase vinculada con la formación y motivación del alumnado. Esta etapa es crucial para asegurar el compromiso y la participación activa de los y las estudiantes, así como para brindarles las herramientas y el conocimiento necesario para comprender los propósitos y los beneficios del ApSU.

En paralelo, es importante que el alumnado conozca a fondo el proyecto y sus implicaciones. Esto se logra mediante presentaciones claras, materiales explicativos (como vídeos o infografías) y por conocer los resultados obtenidos en años previos. En algunas ocasiones, resulta especialmente motivador para el nuevo alumnado escuchar directamente de otros y otras estudiantes las experiencias de años anteriores y nutrirse de sus testimonios (Furco, 1996). Además, durante el inicio del curso, se recomienda que el equipo docente organice reuniones en las que se explique detalladamente el proceso y se presenten las posibles opciones de proyectos, para fomentar un clima de confianza y colaboración.

También se puede contar en estas reuniones con representantes de centros educativos, otras instituciones sociales, organizaciones de la sociedad civil y agentes sociales que se han implicado en este tipo de proyectos en años anteriores. Esto permite al alumnado conocer la realidad de primera mano, comenzar a identificar necesidades que puedan ser de su interés y establecer relaciones con representantes de las organizaciones.

Identificación de necesidades

La fase de identificación de necesidades es especialmente relevante para la adecuación del proyecto a las realidades concretas de la comunidad. En esta etapa, el equipo docente, junto con el alumnado, establece contacto con los centros educativos y/o las entidades del ámbito social que actuarán como agentes comunitarios colaboradores. La relación entre la universidad y estas organizaciones puede ser reciente o de larga duración, pero siempre es esencial que se establezca una comunicación fluida y respetuosa, que permita una comprensión mutua de los objetivos y las expectativas.

La identificación de necesidades debe ser un proceso de escucha activa, donde los agentes comunitarios expresen sus desafíos y prioridades, a la vez que cada estudiante tiene la oportunidad de sensibilizarse sobre las realidades sociales con las que va a trabajar (Santos et al., 2015). Esta fase no solo es clave para el diseño del servicio, sino también para fomentar en el alumnado una reflexión crítica sobre las desigualdades sociales y las posibles formas de actuar para contribuir al bienestar común.

Diseño y planificación

Una vez identificadas las necesidades de la comunidad y formado y motivado el alumnado, el siguiente paso consiste en diseñar y planificar el servicio que se llevará a cabo. En esta fase, se busca integrar de manera efectiva los intereses del alumnado y las competencias que desarrollar, con las demandas y realidades sociales de la comunidad. Esta articulación asegura la pertinencia y el impacto del servicio. Es fundamental que los y las estudiantes sean parte activa del diseño, ya que esto refuerza su sentido de responsabilidad, y asegura que el servicio sea más coherente a las necesidades identificadas.

El proceso de diseño comienza con una reflexión sobre las necesidades y objetivos del proyecto, que deben ser claros, alcanzables y alineados con los propósitos educativos del curso o programa académico en cuestión. En el diseño del servicio se deben tener en cuenta diversas variables, como: el tiempo disponible; a quién va dirigido el servicio; los recursos materiales y humanos, y los espacios en los que se llevará a cabo el proyecto (Puig et al., 2007; Puig y Palos, 2006; Tapia, 2006). El equipo docente juega un papel fundamental de acompañamiento durante este proceso, proporcionando herramientas y recursos que ayuden al alumnado a estructurar y organizar el servicio de manera efectiva.

Durante esta fase, también es fundamental establecer un plan de trabajo detallado, que contemple las tareas específicas por realizar, los plazos y las responsabilidades de cada miembro del equipo. Una planificación clara y bien estructurada es clave para el éxito del proyecto, ya que facilita la coordinación entre el alumnado y los agentes comunitarios y garantiza que el servicio se lleve a cabo de manera eficiente.

Una de las tareas más importantes es determinar el público destinatario del servicio. En muchos casos, los proyectos de ApSU responden a colectivos desfavorecidos o en situaciones de vulnerabilidad social, por lo que se deben tener en cuenta aspectos como las necesidades específicas de estos grupos y la manera en que el servicio puede ser accesible, significativo y efectivo para ellos. Este enfoque asegura que el proyecto tenga un impacto positivo real en la comunidad y no sea simplemente una experiencia de aprendizaje para el alumnado.

Además de los aspectos organizativos y logísticos, es clave que el diseño del servicio sea flexible y capaz de adaptarse a las circunstancias cambiantes que puedan surgir durante su ejecución. Para ello, es necesario que cada estudiante, con el apoyo del profesorado y los agentes comunitarios, sea capaz de reflexionar y reajustar el proyecto según las necesidades emergentes o los obstáculos e imprevistos que puedan aparecer. Esta capacidad de adaptación es un componente esencial del aprendizaje en el ApSU, ya que permite que el alumnado desarrolle competencias como la resolución de problemas, la comunicación efectiva y la gestión de proyectos.

En este sentido, la fase de planificación no debe considerarse como un proceso rígido, sino como un espacio para la creatividad, la innovación y la colaboración. Por ejemplo, durante las reuniones con los agentes comunitarios, el alumnado tiene la oportunidad de negociar y consensuar tareas, responsabilidades y tiempos. El ApSU es un proceso dinámico y bidireccional y ese enfoque permite que el alumnado adquiera un sentido de pertenencia y compromiso con el proyecto, aumentando su motivación y sentido de responsabilidad hacia la comunidad (Batlle, 2018; Bosch y Batlle, 2006; Monereo, Sánchez-Busqués y Suñé, 2012).

Una vez establecido el plan de trabajo, se debe llevar a cabo la validación del diseño del servicio con todas las personas involucradas. Esto incluye tanto a agentes comunitarios como al equipo docente, quienes revisan y proporcionan retroalimentación sobre el proyecto. Este proceso de validación asegura que todos los aspectos del servicio sean pertinentes, alcanzables y estén alineados con los objetivos de la comunidad y del aprendizaje. La validación es un paso crucial para garantizar la calidad del servicio y la cohesión del equipo de trabajo, ya que permite detectar posibles inconsistencias o áreas de mejora antes de la ejecución final.

Implementación del servicio y tutorías

Una vez que el diseño del servicio ha sido validado y ajustado según las recomendaciones de los agentes comunitarios y el profesorado, se procede a la fase de implementación y ejecución. Esta etapa representa la materialización del proyecto de ApSU y es en este momento cuando el alumnado puede aplicar directamente los conocimientos adquiridos en el aula a situaciones reales de la comunidad.

La planificación de la ejecución del servicio debe estar cuidadosamente coordinada, para garantizar que todas las tareas se lleven a cabo según lo previsto en el plan de trabajo. Durante esta fase, el equipo docente sigue desempeñando un rol fundamental como guía y mentoría a través de las tutorías. Su función consiste en verificar que el alumnado ejecute las tareas de forma adecuada y que, en caso de surgir imprevistos, pueda ofrecer las orientaciones necesarias para superarlos. A lo largo de la ejecución, el profesorado debe fomentar la reflexión continua en los y las estudiantes, permitiéndoles evaluar sus acciones, identificar aprendizajes y realizar ajustes sobre la marcha. Este proceso de reflexión constante es esencial para que el alumnado pueda integrar lo aprendido de manera profunda y significativa (Páez y Puig, 2013; Puig et al., 2007). Por ello, es necesario planificar con antelación tanto las tutorías, el acompañamiento del alumnado, los procesos de reflexión y de registro de información como la implementación del servicio y su seguimiento. Dada la relevancia del seguimiento en los proyectos de ApSU, en el próximo capítulo se profundizará sobre este tema.

Además, la comunicación constante con los agentes comunitarios sigue siendo crucial. El contacto regular con estas entidades permite hacer ajustes en tiempo real, resolver posibles dificultades operativas y garantizar que el servicio esté alineado con las expectativas y necesidades de la comunidad. La retroalimentación de los agentes comunitarios también es importante para evaluar la efectividad del servicio, identificar áreas de mejora y reconocer los logros alcanzados. Establecer de antemano un calendario y unos canales de comunicación formal, así como construir otros canales de comunicación informal, permitirá un desarrollo más acorde con las necesidades y los imprevistos que se van dando en el día a día. Esto permitirá, además, fortalecer las relaciones de colaboración y el vínculo con la comunidad.

Evaluación y cierre

Como se verá en el capítulo relativo a este tema, la evaluación es una parte integral del ApSU, ya que permite medir no solo el impacto del servicio en la comunidad, sino también el aprendizaje que el alumnado ha obtenido a lo largo del proceso. La evaluación debe ser participativa y realizarse de manera continua durante todas las fases del proyecto (Santos, Sotelino y Lorenzo, 2015). Una buena planificación de la evaluación y la preparación de las herramientas necesarias garantizarán que tanto el alumnado como los agentes comunitarios y el profesorado puedan contar con una permanente retroalimentación, lo que favorece la mejora continua del proyecto.

El diseño de una evaluación de carácter formativo, a lo largo de todo el proyecto de ApSU, permitirá identificar fortalezas y áreas de mejora mientras el servicio está en marcha, con la posibilidad de realizar ajustes antes de su finalización. Además, la evaluación que se lleva a cabo al final del proyecto proporciona una visión global del impacto del ApSU, tanto en términos de los resultados obtenidos por la comunidad como del aprendizaje experimentado por cada estudiante.

El proceso de evaluación debe estar diseñado para que sea inclusivo y reflejar tanto los objetivos educativos como las expectativas de los agentes comunitarios. Debe planificarse de tal forma que quien participa, estudiantes, profesorado y aquellas personas representantes de las organizaciones comunitarias, se involucren en este proceso. Esto garantiza que se obtenga una visión completa y equilibrada sobre el impacto del proyecto y que se identifiquen lecciones clave que puedan ser aplicadas en el futuro.

¿Por qué es importante?

La implementación efectiva de proyectos de ApSU requiere de una planificación detallada y estructurada que contemple todas las fases del proceso; desde la organización del equipo y la motivación inicial hasta la evaluación final. El éxito de los proyectos depende, en gran medida, de cómo se diseñen y organicen las actividades, así como de la claridad con la que se definan los objetivos, las responsabilidades y los roles de cada agente involucrado (Puig y Palos, 2006; Tapia, 2006, 2008).

El diseño y la planificación de un proyecto de ApSU deben seguir una serie de etapas bien definidas que se encuentren alineadas con los principios de esta metodología y que, al mismo tiempo, sean coherentes con los objetivos educativos y sociales que se desean alcanzar (Santos, Lorenzo y Sáez, 2025). Es por ello que, además de la articulación de las necesidades de la comunidad y los intereses del alumnado, se deben considerar aspectos fundamentales como la viabilidad del proyecto, los recursos disponibles y las dinámicas de colaboración entre la universidad y los agentes comunitarios.

¿Qué material se presenta?

Con el fin de guiar las pautas descritas en relación con el diseño de los proyectos de ApSU, se ofrece una serie de materiales de apoyo. El resumen de las herramientas propuestas y su finalidad se recoge en el cuadro 1. Posteriormente, se presenta un apartado para cada herramienta, donde se incluye el material correspondiente y se explica su posible aplicación práctica.

Cuadro 1. Resumen de materiales para la planificación y puesta en marcha de un proyecto de ApSU

Herramienta	Utilidad	Cuadros y QR para descargar
Lista de cotejo de planificación.	Revisa si el proyecto está listo para iniciar.	Cuadro 2

Cuadro 1. Resumen de materiales para la planificación y puesta en marcha de un proyecto de ApSU (cont.)

Herramienta	Utilidad	Cuadros y QR para descargar
Matriz de evaluación del plan de trabajo.	Preguntas guía para reflexionar conjuntamente sobre las necesidades de la comunidad.	Cuadro 3
Guía rápida de diagnóstico comunitario.	Batería de herramientas para detectar necesidades reales.	Cuadro 4
Plantilla editable del plan de trabajo ApSU.	Esquema para organizar tareas y tiempos.	Cuadro 5
Carta de compromiso para el estudiantado.	Formaliza acuerdos con el estudiantado.	Cuadro 6
Modelo de acuerdo básico con entidades.	Formaliza acuerdos colaborativos.	Cuadro 7
Modelo de acuerdo entre docentes.	Formaliza acuerdos con el profesorado implicado.	Cuadro 8

Fuente: elaboración propia

¿Cómo se propone utilizarlo?

Lista de cotejo de planificación

A continuación, se presenta una lista de cotejo donde se detallan las fases principales de la planificación y puesta en marcha de un proyecto de ApSU, y los pasos que dar en cada una de ellas.

Esto puede servir, por un lado, para trazar de una forma exhaustiva y detallada el camino por recorrer a la hora de implementar una propuesta de estas características, y, por otro, para hacer un seguimiento de los pasos ya dados. Tener las casillas «sí», «no», «no procede» y «aspectos que considerar» permite llevar un registro de lo realizado, lo que puede ayudar a evaluar el proceso y ofrecer claves para hacer modificaciones y mejoras en años sucesivos.

Cuadro 2. Lista de cotejo de planificación

Fase	Acciones	Sí	No	No procede	Aspectos que considerar
1. Conformación del equipo.	1. Se ha conformado el equipo de docentes.				
	2. Se ha planteado el plan de trabajo.				
	3. Se ha presentado a las distintas instancias de la universidad.				
	4. Se ha cumplido con los permisos requeridos por distintas instancias de la universidad.				
2. Formación y motivación inicial.	1. Se ha presentado el proyecto al alumnado.				
	2. Se han elaborado y distribuido los distintos materiales sobre el proyecto para motivar al alumnado y dar a conocer el impacto del proyecto (plataforma *online* u otros medios de difusión).				
	3. Se han celebrado reuniones informativas sobre las posibles opciones para realizar el servicio.				

Cuadro 2. Lista de cotejo de planificación (cont.)

Fase	Acciones	Sí	No	No procede	Aspectos que considerar
2. Formación y motivación inicial.	4. En estas reuniones han participado organizaciones de la sociedad civil y otras instituciones sociales con las que ya se mantiene una colaboración.				
	5. Se han compartido las experiencias de estudiantes de otros años que han participado en el ApSU (si no es la primera vez que se lleva a cabo).				
3. Identificación de necesidades.	1. Se ha contactado con agentes colaboradores de la sociedad civil y entidades sociales.				
	2. Se ha realizado un diagnóstico previo del o de los contextos para identificar necesidades y retos.				
	3. Se ha sensibilizado y concienciado al alumnado sobre las desigualdades sociales existentes.				
	4. Se ha acordado o firmado un convenio de colaboración con los agentes colaboradores para establecer una red de colaboración.				
4. Diseño y planificación.	1. Se han integrado las necesidades de la comunidad, los intereses individuales de los y las estudiantes, las competencias curriculares y los resultados de aprendizaje.				
	2. Se ha consensuado con el agente colaborador implicado las características (tareas, responsabilidades y tiempos) del servicio por desarrollar para atender las necesidades.				

Cuadro 2. Lista de cotejo de planificación (cont.)

Fase	Acciones	Sí	No	No procede	Aspectos que considerar
4. Diseño y planificación.	3. Se ha diseñado el servicio (actividades y recursos).				
	4. Se ha contrastado el diseño del servicio con la tutora y agente colaborador en busca de consenso.				
5. Implementación del servicio y tutorías.	1. Se ha planificado el calendario y plan de tutorías para acompañar el proceso académico del alumnado a través de sesiones formativas y recursos de apoyo.				
	2. Se ha planificado la prestación del servicio.				
	3. Se ha establecido un canal de comunicación permanente con el alumnado para el seguimiento del servicio.				
	4. Se ha establecido un canal de comunicación permanente con el agente colaborador implicado para el seguimiento del servicio.				
	5. Se han preparado pautas y herramientas para que el alumnado documente el proceso y reflexione sobre la experiencia, garantizando la confidencialidad.				
	6. Se ha planificado el proceso de seguimiento y elaborado herramientas para analizar los datos recogidos para evaluar el proceso de aprendizaje y la calidad del servicio.				
	7. Se han planificado y se han elaborado pautas para orientar el desarrollo del servicio y hacer seguimiento del proceso de aprendizaje.				

Cuadro 2. Lista de cotejo de planificación (cont.)

Fase	Acciones	Sí	No	No procede	Aspectos que considerar
6. Evaluación y cierre.	1. Se ha planificado y se han elaborado pautas para la realización del informe final del proyecto.				
	2. Se han elaborado herramientas para registrar la valoración de la participación en el proyecto y de las respuestas ofrecidas (experiencia, competencias adquiridas por el alumnado, aportaciones a la comunidad).				
	3. Se ha planificado la celebración de cierre con todas las personas implicadas en el proyecto (estudiantes, docentes y agentes colaboradores).				

Fuente: elaboración propia, basado en Tapia, 2006

Matriz de evaluación del plan de trabajo

La matriz de evaluación del plan de trabajo está diseñada como un recurso sencillo y visual que permite valorar, de manera compartida, la calidad y coherencia del diseño de un proyecto de ApSU.

Su objetivo no es «calificar» el trabajo, sino orientar y mejorar el plan antes de su puesta en marcha. Esta matriz puede utilizarse de forma individual (por parte del profesorado o de cada estudiante), o bien de manera colectiva, en reuniones con el equipo docente, el estudiantado y/o las entidades colaboradoras. A través de indicadores claros y breves, se analizan aspectos como la pertinencia del servicio, la claridad de los aprendizajes esperados, la viabilidad de las actividades o el compromiso ético con la comunidad.

Se recomienda utilizar esta herramienta como parte del proceso de revisión previa al inicio del proyecto, o bien como guía de autoevaluación al avanzar en las primeras semanas de implementación. Si hay más de dos «NO», será preciso revisar o pausar el proyecto.

Cuadro 3. Matriz de evaluación del plan de trabajo

Ítem por revisar	Sí	No	Observaciones
¿Existe un diagnóstico claro y validado por la entidad colaboradora?			
¿Se ha definido el servicio concreto para ofrecer?			
¿Se han identificado los aprendizajes esperados?			
¿El plan de trabajo está compartido y consensuado?			
¿Están acordados los tiempos, espacios y materiales necesarios?			
¿Existe un acuerdo (formal o informal) entre la universidad y la entidad?			
¿Se ha previsto cómo se recogerán evidencias del proceso?			

Fuente: elaboración propia

Guía rápida de diagnóstico comunitario

La guía rápida de diagnóstico comunitario es una herramienta pensada para ayudar al profesorado y al estudiantado a conocer de forma ágil y significativa el contexto social en el que se desarrollará el proyecto de ApSU.

Su objetivo es proporcionar métodos accesibles, como entrevistas informales, observación directa, mapeos de actores y registros reflexivos, que permitan identificar necesidades reales sin requerir procesos largos o excesivamente técnicos. Esta guía no pretende sustituir una investigación profunda, sino ofrecer una base suficiente para tomar decisiones informadas y diseñar conjuntamente el servicio con la comunidad.

Se recomienda aplicarla en las primeras sesiones de trabajo de campo o en encuentros iniciales con las entidades colaboradoras, favoreciendo así una mirada compartida sobre el territorio y sus desafíos.

Cuadro 4. Guía rápida de diagnóstico comunitario

Técnica sugerida	¿En qué consiste?	Tiempo estimado	Resultado esperado
Entrevista informal.	Hablar con referentes de la entidad colaboradora.	1 hora.	Ideas clave sobre necesidades actuales.

Cuadro 4. Guía rápida de diagnóstico comunitario (cont.)

Técnica sugerida	¿En qué consiste?	Tiempo estimado	Resultado esperado
Observación directa.	Visita al lugar donde se realizará el servicio.	30 min.	Apuntes sobre contexto y personas usuarias.
Mapa de actores.	Dibujar quiénes están implicados en el servicio y cómo se relacionan.	45 min.	Mapa visual de relaciones clave.
Registro reflexivo.	Cuaderno de campo o notas del estudiantado tras las visitas.	Flexible.	Material base para la reflexión posterior.

Fuente: elaboración propia

Plantilla editable de plan de trabajo ApSU

La plantilla editable de plan de trabajo ApSU es un recurso práctico que permite estructurar el proyecto de manera clara y consensuada entre todas las personas implicadas: equipo docente, estudiantado y entidad colaboradora.

Esta herramienta ayuda a concretar aspectos fundamentales como los objetivos de aprendizaje, las actividades por realizar, el servicio que se prestará, el cronograma y los responsables de cada fase.

Cuadro 5. Plantilla editable del plan de trabajo ApSU

Nombre del proyecto:
Entidad colaboradora (nombre y contacto):
Necesidad social identificada:
Servicio que se va a ofrecer:
Objetivos de aprendizaje del alumnado:
Actividades principales previstas:
Cronograma (fechas clave por fase):
Recursos materiales y humanos necesarios:
Responsables (docentes, alumnado, entidad):
Indicadores de seguimiento y evaluación del proceso:
Observaciones adicionales:

Fuente: elaboración propia

Es especialmente útil al inicio del proyecto, para asegurar que todos los elementos estén bien articulados, y también como instrumento de seguimiento.

Se recomienda completarla en una reunión conjunta y revisarla periódicamente para ajustar el desarrollo del proyecto.

Carta de compromiso para el estudiantado

La carta de compromiso para el estudiantado tiene como objetivo formalizar acuerdos, clarificar y registrar el compromiso del alumnado con el desarrollo del proyecto de ApSU. A través de este acuerdo, el estudiantado reconoce su papel activo en la experiencia, sus responsabilidades y los objetivos que se propone alcanzar.

Este documento puede funcionar como punto de partida para el trabajo reflexivo y como elemento de corresponsabilidad, favoreciendo la apropiación del proyecto desde el primer momento.

Se recomienda utilizarla durante las primeras sesiones, una vez se haya comprendido la propuesta de ApSU y se haya consensuado el plan de trabajo.

Cuadro 6. Carta de compromiso para el estudiantado

Nombre del / de la estudiante:
Titulación / asignatura:
Nombre del proyecto de ApS:
Entidad colaboradora:
Como participante en el proyecto de ApS, me comprometo a: ❑ Participar activamente en las actividades acordadas. ❑ Contribuir con responsabilidad al servicio ofrecido a la comunidad. ❑ Respetar los acuerdos establecidos con el equipo docente y la entidad colaboradora. ❑ Reflexionar de forma crítica sobre el proceso y los aprendizajes adquiridos.
Fecha: …………................................ Firma del/de la estudiante: …………..............................

Fuente: elaboración propia

Modelo de acuerdo básico con entidades sociales

El modelo de acuerdo básico con entidades sociales tiene como finalidad establecer de manera clara, simple y funcional los compromisos asumidos por la universidad y la entidad colaboradora en el desarrollo de un proyecto de

ApSU. Aunque no tiene carácter jurídico, este documento favorece la transparencia, la confianza mutua y la coordinación entre las partes.

Su utilidad radica en que permite documentar acuerdos básicos sobre el servicio que realizar, los tiempos previstos y las responsabilidades compartidas, sin necesidad de recurrir a convenios formales.

Se recomienda completar este documento en las reuniones iniciales de planificación conjunta.

Cuadro 7. Modelo de acuerdo básico con entidades sociales

Nombre del proyecto de ApS:
Entidad colaboradora:
Persona de contacto (nombre, cargo, correo):
Universidad / equipo docente:
Ambas partes acuerdan colaborar en el desarrollo del proyecto arriba citado con base en los siguientes elementos: ❑ Necesidad social detectada: ❑ Servicio que se prestará: ❑ Fechas aproximadas del desarrollo del proyecto:
Compromisos compartidos: ❑ La entidad facilitará el acceso al contexto, acompañará y orientará el proceso. ❑ La universidad realizará el servicio acordado en tiempo y forma, respetando los acuerdos establecidos. ❑ Ambas partes mantendrán una comunicación fluida y resolverán de manera dialogada cualquier incidencia.
Lugar y fecha: Firma de la entidad colaboradora: Firma del equipo docente / universidad:

Fuente: elaboración propia

Modelo de acuerdo entre docentes

El modelo de acuerdo entre docentes tiene como objetivo formalizar y facilitar la coordinación interna entre el profesorado implicado en un proyecto de ApSU. A través de esta formalización básica, los y las docentes pueden acordar roles, tareas, tiempos y criterios comunes para asegurar una implementación coherente y colaborativa. Aunque no se trata de un documento vinculante, sirve como punto de referencia para organizar el trabajo en equipo, prevenir malentendidos y reforzar la corresponsabilidad del proyecto.

Se recomienda completarlo en reuniones previas al inicio del proyecto, y revisarlo si hay cambios importantes en el equipo docente o en el desarrollo del ApSU.

Cuadro 8. Modelo de acuerdo interno entre docentes

Nombre del proyecto de ApS:
Facultad / departamento:
Asignatura(s) implicada(s):
Equipo docente participante: ❏ Nombre y función principal 1. ❏ Nombre y función principal 2. ❏ …
Aspectos acordados: ❏ Objetivos compartidos del proyecto. ❏ Responsabilidades de cada docente. ❏ Coordinación con la entidad colaboradora. ❏ Mecanismos de comunicación y seguimiento. ❏ Estrategias de evaluación conjunta. ❏ Otros acuerdos relevantes.
Lugar y fecha: Firma de los/las docentes implicados/as: ❏ .... ❏ ....

Fuente: elaboración propia

Recapitulación

- Dada la naturaleza del ApS, directamente vinculada con una visión crítica de la educación, el proyecto debe mostrar una perspectiva educativa transformadora, dimensión ética, compromiso social y disposición a establecer relaciones democráticas con todas las partes implicadas.
- Es muy importante que durante las fases descritas el alumnado sea protagonista en todo momento.
- La implicación del equipo docente durante el diseño debe ser real, porque influye de forma significativa en el proceso académico y es imprescindible para garantizar la calidad del servicio.
- Esta implicación debe materializarse en el liderazgo, cuya función es acompañar y guiar. La acción tutorial en la planificación de proyectos de ApS en el ámbito universitario debe incluir las siguientes funciones:
  - Conexión con el alumnado.
  - Interlocución con agentes comunitarios.
  - Planificación de los aprendizajes y el servicio.
  - Seguimiento del proyecto.
  - Guiar y acompañar al alumnado, tanto en el proceso de formación como en los momentos críticos relacionados con el servicio.
  - Valoración global del proyecto.

Referencias bibliográficas

Batlle, R. (2018). *Guía práctica de aprendizaje-servicio*. Santillana educación S. L. https://redjovencoslada.es/wp-content/uploads/2021/08/Guia-practica-ApS.pdf

Bosch, C. y Batlle, R. (2006). Proyectos para mejorar la ciudadanía. *Cuadernos de Pedagogía*, (357), 64-69.

Furco, A. (1996). Service-Learning: A Balanced Approach to Experiential Education. En Cooperative Education Association (Ed.), *Expanding Boundaries: Serving and Learning* (pp. 2-6). Corporation for National Service.

Monereo, C., Sánchez-Busqués, S. y Suñé, N. (2012). La enseñanza auténtica de competencias profesionales. Un proyecto de aprendizaje recíproco instituto-universidad. *Profesorado, Revista de Currículum y Formación del Profesorado, 16*(1), 80-101. https://www.ugr.es/~recfpro/rev161ART6.pdf

Páez, M. y Puig, J. M. (2013). La reflexión en el Aprendizaje-Servicio. *Revista Internacional de Educación para la Justicia Social, 2*(2), 13-32. https://revistas.uam.es/riejs/article/view/370

Puig, J. M. et al. (2007). *Aprendizaje servicio: Educar para la ciudadanía*. Octaedro y Ministerio de Educación y Ciencia.

Puig, J. M. y Palos, J. (2006). Rasgos pedagógicos del aprendizaje-servicio. *Cuadernos de Pedagogía*, (357), 60-63. https://roserbatlle.files.wordpress.com/2009/03/rasgos-pedagogicos.pdf

Santos, M. A., Lorenzo, M. y Sáez, D. (2025). *La universidad y el Aprendizaje-Servicio. Lo que importa es la calidad*. Narcea.

Santos, M. A., Sotelino, A. y Lorenzo, M. (2015). *Aprendizaje-servicio y misión cívica en la universidad: una propuesta de desarrollo*. Octaedro.

Tapia, M. N. (2006). *Aprendizaje y Servicio Solidario en el sistema educativo y en las organizaciones juveniles*. Ciudad Nueva.

Tapia, M. N. (2008). *La solidaridad como pedagogía*. Ciudad Nueva.

3

¿Cómo hacer el seguimiento a un proyecto de aprendizaje servicio universitario?

Paulina Martínez Pinto
Universidad de Tarapacá. Chile
Santiago Andrade Zapata
Pontificia Universidad Católica del Ecuador
Rakel Gamito Gomez
María Teresa Vizcarra Morales
Universidad del País Vasco

El capítulo analiza el seguimiento como una fase clave y formativa del ApSU. Propone una *checklist* y un guion reflexivo para monitorear el desarrollo de los proyectos, realizar ajustes oportunos y fortalecer los aprendizajes y la vinculación con el territorio.

Introducción

El presente capítulo se enfoca en analizar el seguimiento como etapa intermedia fundamental en los proyectos de aprendizaje servicio universitario (ApSU). La función de la fase es acompañar, monitorear, supervisar y garantizar la calidad del desarrollo de los proyectos de innovación educativa, así como su alineación con los modelos educativos institucionales, los perfiles de egreso y los objetivos de vinculación con el medio. A su vez también busca, de manera global, tal y como indica el Objetivo de Desarrollo Sostenible (ODS) 4, garantizar una educación inclusiva, equitativa y de calidad que promueva oportunidades de aprendizaje durante toda la vida para todas las personas (Naciones Unidas, 2015).

Tras una breve conceptualización del seguimiento en los proyectos de ApSU, se presentan dos materiales, una *checklist* y un guion reflexivo, creados con la intención de ayudar o guiar dicho proceso en el ámbito universitario, detallando también las propuestas de uso. Además, se ofrecen, a modo complementario, versiones extendidas de ambos materiales, para quienes deseen llevar a cabo una fase de seguimiento más rigurosa y/o profunda.

¿Qué es el seguimiento?

El *seguimiento*, en el contexto del ApSU, se entiende como una fase orientada a observar, documentar y valorar la implementación de los proyectos, con el objetivo de introducir mejoras que aseguren su viabilidad y sostenibilidad en el tiempo. A diferencia del monitoreo, que se centra en la verificación sistemática del avance de las actividades, y de la evaluación, que busca medir resultados e impactos, el seguimiento implica una mirada comprensiva, formativa y situada, que retroalimenta los procesos pedagógicos para su mejora continua (Coma-Roselló et al., 2023; DEG, 2019).

Si bien el seguimiento cumple una función técnica, al entregar instrumentos específicos para monitorear las acciones desarrolladas, también debe ser entendido como un componente formativo. Esto significa que el seguimiento permite identificar el desarrollo de competencias generales y específicas en el alumnado, reconocer avances y dificultades, y reflexionar sobre la interacción entre los equipos académicos y las comunidades participantes. En consecuencia, el seguimiento no solo garantiza la ejecución adecuada del proyecto, sino que contribuye activamente a la formación integral del estudiantado.

El seguimiento se operacionaliza a través de una serie de funciones específicas que permiten a los equipos docentes supervisar, retroalimentar y ajustar el desarrollo de los proyectos. Estas funciones incluyen:

- Realización de reuniones sistemáticas de análisis, monitoreo y reflexión a lo largo de la ejecución.
- Revisión del diseño del proyecto, planificación por etapas, asignación de tiempos, recursos y responsabilidades.
- Identificación de las competencias que se pretende desarrollar.
- Definición de medios de verificación, pautas de registro y herramientas para la observación.
- Designación de docentes responsables y equipos de apoyo.
- Monitoreo del cumplimiento de las metas y sistematización de la información inicial.

- Aplicación de instrumentos de seguimiento y revisión de los datos recolectados para definir acciones correctivas antes del cierre del proyecto.

Para ello, a pesar de que el seguimiento lo guíe el personal docente vinculado a los proyectos de ApSU, el proceso requiere de la participación activa de múltiples actores: alumnado, profesorado, comunidades y entidades socias (imagen 1). Cada participante cumple un rol específico en la planificación, implementación y mejora continua del proyecto. Esta participación colaborativa es clave para generar aprendizajes significativos y sostenibles, asegurar la viabilidad de los proyectos y fortalecer la vinculación entre universidad y territorio.

En consecuencia, la implementación del seguimiento presenta diversos desafíos que deben ser considerados por las instituciones universitarias. Entre ellos destacan: la escasa formación de docentes en metodologías participativas y en instrumentos de seguimiento; el escaso tiempo y recursos institu-

Imagen 1. Proceso de seguimiento para recoger todas las miradas implicadas

	Docente	Estudiante	Socio Comunitario	Equipo Apoyo
¿Qué monitorea?	1 Resultados de aprendizaje 2 Articulación RdA-objetivo de servicio 3 Relación con el socio comunitario	1 Calidad del servicio 2 Logro de resultados de aprendizaje	1 Logro de resultados de aprendizaje 2 Trabajo en red 3 Impacto y proyección	1 Relación con el socio comunitario 2 Enfoque de aprendizaje 3 Nivel de participación de los agentes
¿Qué instrumentos utiliza?	1 Estrategias de reflexión 2 Carta compromiso o convenio 3 Rúbricas para evaluar el aprendizaje	1 Diario de campo 2 Encuestas de autopercepción 3 Recopilación audiovisual de relatos	1 Encuestas y entrevistas de satisfacción 2 Indicadores de impacto consensuados en el convenio o carta.	1 Presupuestos y liquidación de cuentas 2 Intercambio de experiencias 3 Reuniones de seguimiento
¿En qué momento lo hace?	1 Al concluir cada uno de los resultados de aprendizaje diseñados 2 Al finalizar hitos del proyecto que se planificaron con la comunidad	1 Después de cada intervención de campo 2 Al concluir cada uno de los resultados de aprendizaje diseñados	1 Después de cada intervención de campo 2 Al concluir cada uno de los resultados de aprendizaje diseñados.	1 Semana 8-9 2 Cada 15 días con docentes
¿Para qué lo hacemos?	Mejora de su desarrollo profesional Reconocimiento institucional	Reflexión y crecimiento personal	Mejora de la calidad de vida	Sostenibilidad del proyecto

Fuente: Corrales-Gaitero, 2024

cionales para desarrollar esta etapa de manera sistemática; la dificultad de articular el trabajo entre profesorado, alumnado y actores comunitarios; y la resistencia al cambio por parte de equipos que privilegian modelos tradicionales de enseñanza. Es decir, abordar estas tensiones requiere voluntad institucional, capacitación permanente y marcos de gobernanza que reconozcan el valor del ApSU como metodología transformadora (Tapia, 2008).

¿Por qué es importante?

Las innovaciones educativas y pedagógicas son un medio para alcanzar mejoras sustentables que presentan cambios continuos, por tanto, exigen espacios de constante reflexión sobre el quehacer práctico. Además, requieren flexibilidad para realizar mejoras y capacidad para trabajar en conjunto con diversos actores.

El seguimiento en los proyectos de ApSU es fundamental. Se monitorea el progreso de las actividades para identificar los logros y las áreas de mejora y se ofrece una visión integral del proceso para asegurar un seguimiento efectivo y alineado con los objetivos. Además, con ello se facilita la reflexión y el aprendizaje continuo.

Según la División General de Educación (DEG, 2019), es relevante realizar el seguimiento a los proyectos de ApS para:
- Asegurar la rigurosidad y sistematicidad de la implementación.
- Evaluar la calidad en la implementación de las estrategias.
- Hacer seguimiento al ritmo y a la velocidad de los cambios, ya que a veces se requiere acelerar el proceso y otras es necesario detenerse, reflexionar y hacer ajustes.
- Identificar y abordar las resistencias y dificultades que se presenten.
- Construir conjuntamente el sentido sobre el propósito de las innovaciones.
- Ayudar a priorizar y mantener el foco.
- Detectar necesidades de formación y apoyo.
- Ir evaluando en qué medida las innovaciones están fortaleciendo los aprendizajes.

Es importante tener en cuenta que no realizar un seguimiento puede provocar no reajustar algunos aspectos a la realidad y, por lo tanto, no poder responder adecuadamente a la necesidad identificada y/o no ofrecer un servicio completo.

¿Qué material se presenta?

Con el fin de guiar y facilitar el proceso de seguimiento de los proyectos de ApSU, se han desarrollado dos materiales complementarios: un guion reflexivo y una *checklist* para cada agente participante. Ambos instrumentos recogen los aspectos clave que deben considerarse al realizar una evaluación temprana de los avances y los obstáculos en el desarrollo de estos proyectos en el ámbito universitario (sin ser este un aspecto limitante para su aplicación en otras etapas educativas).

Se trata de herramientas prácticas que permiten conocer el «estado de salud» de los proyectos de ApSU en momentos de progreso intermedio. Proporcionan indicadores suficientes para tomar decisiones informadas, ya sea reorientando acciones o identificando elementos que requieran una revisión más profunda en etapas posteriores.

Ambos materiales están diseñados para valorar el progreso de manera eficaz, aunque se diferencian principalmente en el nivel de profundidad del análisis: la *checklist* ofrece una revisión general y rápida, útil para obtener una visión panorámica; mientras que el guion permite una valoración más detallada, reflexiva y contextualizada. Esta dualidad los convierte en recursos versátiles tanto para docentes como para equipos de coordinación o evaluación.

Checklist de seguimiento

La *checklist* (imagen 6, descargable en la imagen 5) es una herramienta de verificación que permite comprobar si un proyecto de ApSU se está desarrollando de forma adecuada. Su estructura contempla distintos aspectos vinculados a los principales agentes implicados en los proyectos de ApSU, organizados en tres bloques: profesorado (imagen 2), entidades (imagen 3) y alumnado (imagen 4).

Cada grupo participante debe revisar y marcar aquellos elementos que ya hayan sido considerados, desarrollados o que se estén implementando en el transcurso del proyecto para comprobar que se está realizando adecuadamente. Esta revisión permite identificar áreas consolidadas y, sobre todo, detectar posibles aspectos desatendidos o en riesgo.

Imagen 2. *Checklist* para realizar el seguimiento con el profesorado

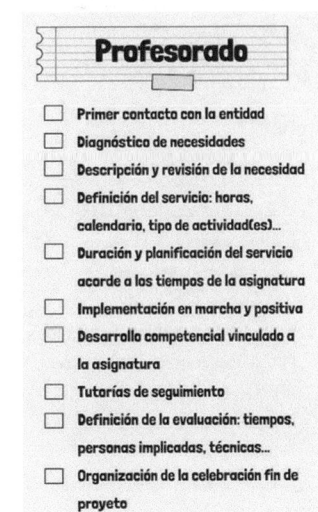

Fuente: Martínez et al., 2024

Imagen 3. *Checklist* para realizar el seguimiento con las entidades

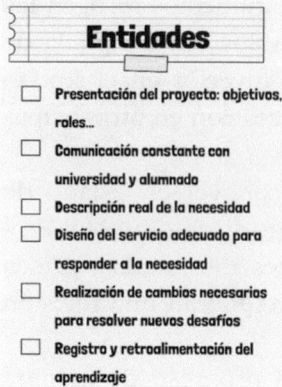

Entidades

- ☐ Presentación del proyecto: objetivos, roles...
- ☐ Comunicación constante con universidad y alumnado
- ☐ Descripción real de la necesidad
- ☐ Diseño del servicio adecuado para responder a la necesidad
- ☐ Realización de cambios necesarios para resolver nuevos desafíos
- ☐ Registro y retroalimentación del aprendizaje

Imagen 4. *Checklist* para realizar el seguimiento con el alumnado

Alumnado

- ☐ Presentación del proyecto: objetivos, roles...
- ☐ Relación colaboradora con la entidad
- ☐ Diagnóstico de necesidades y definición del servicio
- ☐ Diseño del servicio coherente respecto a la asignatura
- ☐ Registro de la información sobre diseño e implementación del servicio
- ☐ Identificación de factores facilitadores y limitantes
- ☐ Resolución de desafíos
- ☐ Diseño de herramientas de valoración
- ☐ El servicio responde a la necesidad con impacto positivo
- ☐ Acción reflexiva sobre el desarrollo competencial
- ☐ Implicación activa y compromiso social

Fuente: Martínez et al., 2024

Una vez completada la *checklist*, se recomienda revisar los elementos no marcados y tomar medidas para corregir o ajustar el enfoque del proyecto. Esto puede implicar modificaciones en su planificación, desarrollo o resultados esperados, con el fin de mantener la coherencia y calidad del proceso.

Se aconseja aplicar este instrumento de seguimiento durante el primer tercio del periodo académico, preferentemente entre las semanas 5 y 6 en cursos con una duración de 15 semanas. Este momento permite hacer ajustes a tiempo y asegurar un desarrollo más sólido del proyecto.

Imagen 5. QR para descargar las *checklist* de seguimiento completo Fuente: *https://materialesapsu. wordpress.com/wp-content/uploads /2025/12/3_1_checklist-seguimiento.pdf* (Martínez et al., 2024)

Guion reflexivo

El guion reflexivo sobre el seguimiento (imagen 11, descargable en la imagen 10) proporciona un marco de reflexión más profundo y estructurado, diseñado para recoger las perspectivas del profesorado, del alumnado y de las entidades involucradas en los proyectos de ApSU en relación con su desarrollo. Su objetivo principal es generar información cualitativa valiosa sobre la evolución del proyecto y detectar aquellos factores que pueden potenciar la obtención de resultados más significativos.

Para ello, el guion organiza las preguntas en torno a tres grandes dimensiones clave de los proyectos de ApSU: relaciones (imagen 7), servicio

Imagen 6. *Checklist* para el seguimiento completo

Checklist para seguimiento proyectos ApS

Profesorado

- [ ] Primer contacto con la entidad
- [ ] Diagnóstico de necesidades
- [ ] Descripción y revisión de la necesidad
- [ ] Definición del servicio: horas, calendario, tipo de actividad(es)...
- [ ] Duración y planificación del servicio acorde a los tiempos de la asignatura
- [ ] Implementación en marcha y positiva
- [ ] Desarrollo competencial vinculado a la asignatura
- [ ] Tutorías de seguimiento
- [ ] Definición de la evaluación: tiempos, personas implicadas, técnicas...
- [ ] Organización de la celebración fin de proyeto

Entidades

- [ ] Presentación del proyecto: objetivos, roles...
- [ ] Comunicación constante con universidad y alumnado
- [ ] Descripción real de la necesidad
- [ ] Diseño del servicio adecuado para recponder a la necocidad
- [ ] Realización de cambios necesarios para resolver nuevos desafíos
- [ ] Registro y retroalimentación del aprendizaje

Alumnado

- [ ] Presentación del proyecto: objetivos, roles...
- [ ] Relación colaboradora con la entidad
- [ ] Diagnóstico de necesidades y definición del servicio
- [ ] Diseño del servicio coherente respecto a la asignatura
- [ ] Registro de la información sobre diseño e implementación del servicio
- [ ] Identificación de factores facilitadores y limitantes
- [ ] Resolución de desafíos
- [ ] Diseño de herramientas de valoración
- [ ] El servicio responde a la necesidad con impacto positivo
- [ ] Acción reflexiva sobre el desarrollo competencial
- [ ] Implicación activa y compromiso social

El seguimiento debe realizarse en el primer tercio de la asignatura (entre la semana 5 y 6 en las asignaturas con duración de 15 semanas). Marcar aquellos aspectos que ya se hayan tenido en cuenta y se hayan desarrollado de manera adecuada. Revisar y subsanar aquellos aspectos no marcados, para reconducir el resultado del proyecto.

Fuente: Martínez et al., 2024

Imagen 7. Dimensión «relaciones» del guion reflexivo

RELACIÓN
- ¿Se ha presentado el proyecto (objetivos, roles...) a todas las partes? ¿Ha faltado detallar algo?
- ¿La comunicación es constante? ¿Se realiza de manera respetuosa? ¿Se tienen en cuenta los sentimientos y la satisfacción de las partes?
- ¿El seguimiento y la retroalimentación individual y grupal es constructiva y favorece el desarrollo del servicio así como el proceso de aprendizaje?
- ¿Se han creado herramientas para recoger la valoración y realizar la evaluación?

Imagen 8. Dimensión «servicio» del guion reflexivo

SERVICIO
- ¿El diseño se ha acordado conjuntamente, ajustándose a las características de la asignatura y respondiendo a la necesidad previamente detectada? ¿Han sido necesarios cambios?
- ¿La implementación está en marcha? ¿Se cumplen las previsiones? ¿Se espera un resultado positivo?
- ¿Se registra la información para la verificación posterior?
- En caso de nuevos desafíos, ¿se han resuelto satisfactoriamente?
- ¿La implicación de las partes es real y activa?

Imagen 9. Dimensión «aprendizaje» del guion reflexivo

APRENDIZAJE
- Durante el proceso, ¿se han revisado los elementos más relevantes del proyecto?
- ¿Qué estrategias pedagógicas permiten ver el desarrollo competencial? ¿Cómo se aplican?
- ¿Se lleva a cabo una acción reflexiva crítica que permita identificar el desarrollo competencial?
- ¿Los resultados obtenidos hasta ahora son coherentes con la planificación inicial de la asignatura y del proyecto?

Fuente: Martínez et al., 2024

(imagen 8) y aprendizaje (imagen 9). Cada dimensión abarca aspectos esenciales del proceso, lo que permite una valoración amplia y conectada con la experiencia real de las personas participantes.

Se recomienda que las preguntas sean respondidas de forma conjunta por todas las partes implicadas, mediante una acción reflexiva colectiva. Esta reflexión debe centrarse en el análisis de las relaciones establecidas, el diseño e implementación del servicio, así como en los aprendizajes que se han generado hasta el momento. El propósito es lograr respuestas sustantivas que sean útiles, no solo para identificar lo que se ha hecho correctamente, sino también para detectar áreas que requieren revisión o reajuste para garantizar la coherencia y sostenibilidad del proyecto.

Imagen 10. QR para descargar el guion reflexivo de seguimiento completo

Fuente: *https://materialesapsu.wordpress.com/wp-content/uploads/2025/12/3_2_guion-reflexivo-seguimiento.pdf* (Martínez et al., 2024)

Durante el ejercicio de reflexión, se pueden tomar notas sobre los puntos más relevantes o, alternativamente, grabar la conversación para realizar un análisis del contenido más preciso posteriormente. Este material puede ser clave para orientar futuras decisiones pedagógicas o de colaboración.

Al igual que la *checklist*, se recomienda aplicar este instrumento durante el primer tercio del periodo académico, idealmente entre las semanas 5 y 6 en cursos con una duración de 15 semanas, con el fin de contar con margen suficiente para introducir mejoras significativas.

Imagen 11. Guion reflexivo de seguimiento completo

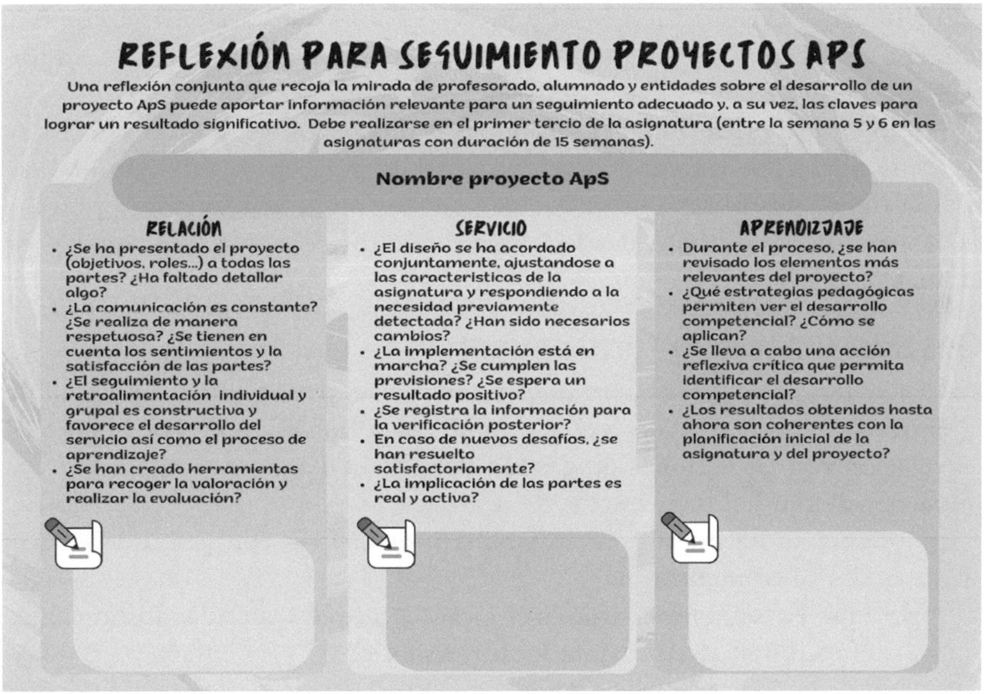

REFLEXIÓN PARA SEGUIMIENTO PROYECTOS APS

Una reflexión conjunta que recoja la mirada de profesorado, alumnado y entidades sobre el desarrollo de un proyecto ApS puede aportar información relevante para un seguimiento adecuado y, a su vez, las claves para lograr un resultado significativo. Debe realizarse en el primer tercio de la asignatura (entre la semana 5 y 6 en las asignaturas con duración de 15 semanas).

Nombre proyecto ApS

RELACIÓN
- ¿Se ha presentado el proyecto (objetivos, roles...) a todas las partes? ¿Ha faltado detallar algo?
- ¿La comunicación es constante? ¿Se realiza de manera respetuosa? ¿Se tienen en cuenta los sentimientos y la satisfacción de las partes?
- ¿El seguimiento y la retroalimentación individual y grupal es constructiva y favorece el desarrollo del servicio así como el proceso de aprendizaje?
- ¿Se han creado herramientas para recoger la valoración y realizar la evaluación?

SERVICIO
- ¿El diseño se ha acordado conjuntamente, ajustandose a las características de la asignatura y respondiendo a la necesidad previamente detectada? ¿Han sido necesarios cambios?
- ¿La implementación está en marcha? ¿Se cumplen las previsiones? ¿Se espera un resultado positivo?
- ¿Se registra la información para la verificación posterior?
- En caso de nuevos desafíos, ¿se han resuelto satisfactoriamente?
- ¿La implicación de las partes es real y activa?

APRENDIZAJE
- Durante el proceso, ¿se han revisado los elementos más relevantes del proyecto?
- ¿Qué estrategias pedagógicas permiten ver el desarrollo competencial? ¿Cómo se aplican?
- ¿Se lleva a cabo una acción reflexiva crítica que permita identificar el desarrollo competencial?
- ¿Los resultados obtenidos hasta ahora son coherentes con la planificación inicial de la asignatura y del proyecto?

Fuente: Martínez et al., 2024

Versión extendida de los materiales

Con lo ya presentado se ha buscado crear materiales útiles, accesibles y prácticos. Por ello, se ha optado por sintetizar los ítems o preguntas, sin perder de vista los aspectos esenciales del desarrollo de los proyectos de ApSU. No obstante, la elaboración de estos instrumentos ha implicado un proceso de recapitulación y análisis de numerosos elementos clave en la implementación de este tipo de proyectos.

Como resultado de ese proceso, a su vez, se han generado versiones extendidas de ambos materiales. Nos gustaría ofrecer también en este capítulo dichas versiones para quienes deseen contar con un recurso más detallado, profundo o adaptable a sus propias necesidades.

Los materiales van dirigidos a preguntar sobre la gestión de los proyectos a las entidades; indagar sobre el proceso seguido por el alumnado; averiguar sobre el desarrollo docente preguntando al profesorado, y analizar la satisfacción con el proceso cuando se ha llegado a su mitad. Hay dos tipos de cuestiones: preguntas lanzadas con la intención de construir un guion de entrevista (a entidades, alumnado y profesorado) y un cuestionario cerrado, también tipo *checklist*, con preguntas similares a las ya mostradas, pero formuladas de una manera más extensa.

Todo ello se organiza en tres bloques o dimensiones: gestión y servicio, desde la mirada de las entidades (descargable en la imagen 12); aprendizajes, desde la mirada del alumnado (descargable en la imagen 13); y proceso de enseñanza aprendizaje, desde la mirada del profesorado (descargable en la imagen 14).

Gestión y servicio (entidades)

Estas son algunas posibles preguntas orientadoras para elaborar un guion de la entrevista más extendida o en profundidad a las entidades colaboradoras en relación con las acciones de gestión durante el diagnóstico, el diseño y la implementación de los proyectos de ApSU:

- ¿Cómo se ha puesto en contacto la universidad con la entidad? ¿Con quién se comunicaron?
- ¿Cómo hacen para coordinarse entre la universidad y las instituciones que recibirán al estudiantado universitario?
- ¿El diagnóstico de necesidades ha sido adecuado o debería de ser más específico?
- ¿Cómo se han establecido los objetivos del proyecto y los del servicio? ¿Cómo se han diseñado las acciones y la planificación?
- ¿Se ha comenzado a realizar la implementación? ¿Cuál es la sensación general al respecto?
- ¿Están conformes con la aproximación a la entidad y el desarrollo del proceso?
- ¿Se está registrando la información referente al proceso y su desarrollo? ¿Cómo?
- ¿Creen que las diferentes personas que participan en los proyectos están siendo escuchadas y tratadas con cordialidad? ¿Por qué?
- ¿Se está supervisando el cumplimiento de los objetivos propuestos? ¿Cómo?
- ¿En qué medida están conformes con lo realizado? ¿Hay alguna cosa que aún se pueda enmendar?

Dichas preguntas también se pueden organizar y responder a modo de *checklist* (cuadro 1).

Cuadro 1. *Checklist* para entidades sobre la gestión y el servicio (versión extendida)

N.º	Pregunta	Sí	No
1	¿Quién ha contactado con los socios comunitarios?		
	¿El profesorado universitario?		
	¿El alumnado universitario?		
	¿La entidad se ha ofrecido a la universidad?		
2	¿Se han establecido las bases de la coordinación universidad-entidad para que esta sea colaborativa y constructiva?		
3	¿Se ha realizado una entrevista inicial con los socios comunitarios para conocer sus necesidades?		
4	¿El diagnóstico ha sido acertado?		
5	¿La planificación se ha realizado…		
	…marcando los objetivos conjuntamente?		
	…marcando las acciones conjuntamente?		
	…marcando el calendario conjuntamente?		
6	¿Se ha comenzado a realizar la implementación?		
7	¿La aproximación a la entidad y el desarrollo del proceso ha sido adecuado?		
8	¿Se está registrando la información que pueda ayudar en la evaluación final?		
9	¿Las diferentes personas que participamos en los proyectos estamos siendo escuchadas y tratadas con cordialidad?		
10	¿Se está supervisando y revisando lo realizado?		
11	¿Existe satisfacción con lo realizado hasta este momento?		

Fuente: Martínez et al., 2024

Imagen 12. QR para descargar el guion extendido y la *checklist* sobre la gestión y el servicio

Fuente: *https://materialesapsu.wordpress.com/wp-content/uploads/2025/12/3_4_gestion-y-servicio_extendidos.pdf* (Martínez et al., 2024)

Aprendizajes (alumnado)

Estas son algunas posibles preguntas orientadoras para elaborar un guion de la entrevista más extendida o en profundidad al alumnado, en relación con los aprendizajes vinculados a los proyectos de ApSU:

- ¿Tienen claros los elementos clave de un proyecto de ApSU (diagnóstico, planificación, diseño, seguimiento, reflexión, valoración...)? ¿Quién, cuándo y cómo se han presentado dichas características?
- ¿Cómo han contactado con la entidad colaboradora? ¿Qué papel ha jugado el profesorado universitario en facilitar la relación con la entidad colaboradora?
- ¿Ha realizado un diagnóstico de las necesidades? En caso negativo, ¿quién le ha proporcionado la información sobre las necesidades de la entidad?
- ¿Se han especificado todos los detalles del servicio (objetivos, actividades, duración, calendario, roles...)? ¿Cuáles son?
- ¿Se han identificado los posibles factores facilitadores y limitantes para el desarrollo del proyecto? ¿Cuáles?
- ¿Qué tareas le han solicitado como estudiante?
- ¿Qué actividades está solicitando a las personas receptoras del servicio?
- ¿El diseño del servicio es coherente respecto a las características de la asignatura y sus resultados de aprendizajes? ¿Por qué?
- ¿El diseño del servicio responde a la necesidad detectada y se espera un impacto positivo? ¿Cómo?
- ¿Se está registrando la información relativa al desarrollo (acontecimientos, cumplimiento de tiempos/calendario, modificaciones, toma de decisiones...) para posteriormente poder hacer una valoración de este? ¿Qué instrumentos y/o técnicas se están utilizando para ello?
- ¿Cómo se realiza el seguimiento a las personas participantes del proyecto? ¿Qué instrumentos y/o técnicas se están utilizando para ello?
- ¿Qué elementos cree que son relevantes en el seguimiento del ApSU que permitan identificar y dar cuenta de los resultados de aprendizaje?
- ¿Cómo visualiza lo que queda desde ahora hasta final de curso? ¿Se han calendarizado las tareas por desarrollar? ¿Se está cumpliendo con el calendario preestablecido? ¿Cuál es su sensación respecto a la carga de trabajo?
- ¿Cuál es la valoración general de las acciones puestas en marcha y las que faltan por realizar? ¿Deberían realizarse reajustes? ¿Cuáles?

Dichas preguntas también se pueden organizar y responder a modo de *checklist* (cuadro 2).

Cuadro 2. *Checklist* para alumnado sobre los aprendizajes (versión extendida)

N.º	Pregunta	Sí	No
1	¿Se han presentado los elementos relevantes del proyecto (diagnóstico, planificación, calendario, evaluación)?		
2	¿Se ha iniciado la relación con la entidad colaboradora?		
3	¿Se ha diagnosticado la necesidad?		
4	¿Se ha detallado el diseño del servicio (objetivos, actividades, duración, calendario…)?		
5	¿Se han identificado los posibles factores facilitadores y limitantes para el desarrollo del proyecto?		
6	¿Son adecuadas las tareas solicitadas al alumnado?		
7	¿Se ha explicado a cada participante el rol que tomará cada persona?		
8	¿Cree que el proyecto tiene un impacto positivo en su aprendizaje?		
9	¿Cree que el servicio responde a la necesidad detectada?		
10	¿Se está registrando la información (escrita, fotografías, voces…) referente al diseño e implementación del servicio de manera que sea posible hacer una gestión adecuada de él?		
11	¿Se han diseñado las herramientas para conocer la opinión y valoración de las personas implicadas en el servicio?		
12	¿Se está llevando a cabo una acción reflexiva en cuanto al desarrollo competencial (profesional y personal)?		
13	¿Se están cumpliendo las fechas sin que esto suponga una excesiva carga de trabajo?		
14	¿Las personas receptoras del servicio valoran las acciones desplegadas de forma positiva?		
15	¿Es necesario algún reajuste?		

Fuente: Martínez et al., 2024

Imagen 13. QR para descargar el guion extendido y la *checklist* sobre los aprendizajes

Fuente: *https://materialesapsu.wordpress.com/wp-content/uploads/2025/12/3_3_aprendizajes_extendidos.pdf* (Martínez et al., 2024)

Desarrollo del proceso de enseñanza aprendizaje (profesorado)

Estas son algunas posibles preguntas orientadoras para elaborar un guion de la entrevista más extendida o en profundidad al profesorado con relación al desarrollo de los procesos de enseñanza aprendizaje desplegados en los proyectos de ApSU:

- ¿Cómo hace el alumnado para ponerse en contacto con la entidad? ¿Acuden a contactos realizados por usted o se acercan a la entidad por su cuenta?
- ¿El diagnóstico de la necesidad parte de la propia entidad o define las necesidades con la ayuda de su docente?
- ¿Se supervisan las acciones por realizar y la planificación antes de implementarlas?
- ¿Se han valorado los elementos de ayuda y las debilidades (facilitadores y obstaculizadores) presentes en la práctica y seguimiento del ApSU?
- ¿Cómo se ve anímicamente al alumnado? ¿Tienen una excesiva carga de trabajo?
- ¿El momento en que está el alumnado implicado coincide con el que tenía previsto antes de comenzar con la asignatura o ha sido necesario modificarlo?
- ¿Qué tipo de registros se están realizando para recoger lo que sucede en la práctica? ¿Se están recogiendo evidencias para poder realizar un análisis posterior?
- ¿El alumnado ha planteado cómo va a recoger la opinión de las personas receptoras sobre el servicio? ¿Cómo se va a valorar su impacto?
- ¿Qué tipos de procesos está impulsando con el alumnado para que reflexione de manera crítica durante el proceso?
- ¿Cómo hace el alumnado para entregar y mostrar los resultados intermedios del proyecto de ApSU? ¿Hay un envío *online*? ¿Se realizan tutorías?
- ¿Cómo percibe la satisfacción del alumnado? ¿Percibe que están aprendiendo?
- ¿Los aprendizajes coinciden con los resultados de la asignatura? ¿En qué medida?
- Como docente de la asignatura, ¿valora satisfactoriamente los proyectos y sus procesos?
- ¿Se puede modificar algo para mejorar los resultados o los procesos?

Dichas preguntas también se pueden organizar y responder a modo de *checklist* (cuadro 3).

Cuadro 3. *Checklist* para profesorado sobre el proceso de enseñanza aprendizaje (versión extendida)

N.º	Pregunta	Sí	No
1	¿En el primer contacto y diagnóstico con la entidad, el alumnado…		
	…ha dependido de la persona docente?		
	…ha recibido alguna ayuda?		
	…ha sido autónomo?		
2	¿Se han analizado y/o detectado…		
	…elementos de ayuda (facilitadores)?		
	…las debilidades (elementos obstaculizadores)?		
	…los riesgos?		
3	¿El alumnado muestra una actitud anímica positiva?		
4	¿Los tiempos son adecuados respecto a lo programado en la asignatura?, ¿o requieren un reajuste?		
5	¿Se han elaborado instrumentos para recoger lo que está sucediendo durante la implementación? ¿Como por ejemplo…		
	…diarios etnográficos?		
	…fotografías?		
	…notas de campo?		
	…otros?		
6	¿Se han desplegado acciones para impulsar la reflexión crítica?		
7	¿Se valora la satisfacción de las personas receptoras?		
8	¿Se valora el impacto de su actividad en las personas receptoras?		
9	¿El alumnado muestra los resultados intermedios…		
	…*online*?		
	…ante el profesorado (en tutorías)?		
	…ante sus iguales?		
10	¿Los aprendizajes coinciden con los resultados de la asignatura?		

Fuente: Martínez et al., 2024

Cuadro 3. *Checklist* para profesorado sobre el proceso de enseñanza aprendizaje (versión extendida) (cont.)

N.º	Pregunta	Sí	No
11	¿El alumnado se muestra satisfecho con los aprendizajes percibidos?		
12	¿Se está dando *feedback* positivo respecto a los logros?		

Fuente: Martínez et al., 2024

Imagen 14. QR para descargar el guion extendido y la *checklist* sobre el proceso de enseñanza aprendizaje

Fuente: *https://materialesapsu.wordpress.com/wp-content/uploads/2025/12/3_5_proceso-ensenaza-aprendizaje_extendidos.pdf* (Martínez et al., 2024))

¿Cómo se propone utilizarlo?

Todos los materiales, las diferentes *checklist*, las preguntas para las entrevistas y el guion reflexivo sobre el proceso (relación, servicio y aprendizaje), están diseñados para ser herramientas flexibles que se adapten a distintas realidades educativas. Pueden ser utilizados de manera individual, es decir, empleando únicamente uno de ellos según los objetivos específicos del momento, o bien de forma complementaria, combinando sus fortalezas para enriquecer el proceso de trabajo.

Usar la *checklist* de manera independiente puede ser especialmente útil cuando se requiere una guía clara y estructurada para evaluar o verificar aspectos concretos, ya que permite una revisión sistemática y objetiva. Por otro lado, el guion reflexivo, al centrarse en promover la reflexión crítica, es ideal para fomentar el pensamiento profundo, el diálogo y el análisis colectivo o individual de las prácticas, decisiones o experiencias vividas. Puede ser utilizado tanto como guion para realizar una revisión autorreflexiva y personalizada, a modo de relato narrativo, como para guiar entrevistas. Las preguntas de las entrevistas pueden ayudarnos para dirigir las tutorías, para acercarnos a las entidades o para que el profesorado reflexione sobre su quehacer docente.

Cuando se utilizan de forma complementaria, la *checklist* puede actuar como punto de partida o cierre para ordenar y organizar la información, mientras que el guion reflexivo permite profundizar en los aspectos cualitativos, las motivaciones y los aprendizajes. La entrevista puede aportar una información útil que no se podría recoger por otras vías. Esta combinación resulta especialmente útil en contextos donde se busca no solo cumplir con ciertos criterios, sino también comprender el sentido de lo que se hace y generar transformaciones significativas a partir de esa comprensión.

En todos los casos, es importante que su uso se ajuste a las características del grupo, a sus dinámicas internas, a los objetivos pedagógicos y al contexto en el que se sitúan las entidades y los servicios ofrecidos. La decisión sobre cómo y cuándo utilizarlos debe surgir de una lectura atenta de las necesidades reales, para así promover un uso consciente y significativo de todos los recursos.

Recapitulación

El seguimiento en los proyectos de ApSU es una etapa clave para garantizar la calidad, la pertinencia y la sostenibilidad de dichos proyectos. Va más allá del simple monitoreo técnico, ya que se convierte en un proceso formativo que enriquece la experiencia pedagógica y fortalece la vinculación con el entorno.

Este capítulo ha subrayado la importancia de una mirada comprensiva, participativa y contextualizada del seguimiento, que involucre activamente a profesorado, alumnado y entidades colaboradoras. Para ello, se proponen herramientas prácticas, una *checklist* y un guion reflexivo, que permiten diagnosticar, valorar y ajustar el desarrollo de los proyectos, tanto desde una perspectiva cuantitativa como cualitativa. Además, se han presentado versiones extendidas de estos materiales que permiten un análisis más profundo de las dimensiones clave. La combinación de estos instrumentos, aplicados con flexibilidad y sentido pedagógico, favorecerá procesos transformadores que responderán a las necesidades reales de los territorios y promoverán aprendizajes significativos en el estudiantado.

Referencias bibliográficas

Coma-Roselló, T. et al. (2023). Escuelas transformadoras. Camino hacia la ciudadanía global y la agenda 2030. *Contextos Educativos, Revista de Educación*, (31), 27-51. https://doi.org/10.18172/con.5453

Corrales-Gaitero, C. (octubre de 2024). *Cómo hacer seguimiento en proyectos ApS* [Webinar]. Innovación en la intervención educativa universitaria: EHU Latinoamérica L23-21.

DEG, División de Educación General. (2019). *Innovación pedagógica y trabajo colaborativo entre docentes: Recursos para el seguimiento y monitoreo a nuestros procesos de innovación pedagógica.* Ministerio de Educación, Chile.

Martínez, P. et al. (2024). *Materiales didácticos para la evaluación del seguimiento generados para el webinar 2 sobre proyectos de ApS.* EHU Latinoamérica L23-21.

Naciones Unidas. (2015). *70/1. Transformar nuestro mundo: la Agenda 2030 para el Desarrollo Sostenible. Resolución aprobada por la Asamblea General el 25 de septiembre de 2015.* Naciones Unidas. https://unctad.org/system/files/official-document/ares70d1_es.pdf

Tapia, M. N. (2008). Aprendizaje y servicio solidario en la misión de la Educación Superior. En A. González y R. Montes (Comps.), *Aprendizaje-Servicio en la Educación Superior: Una mirada analítica desde los protagonistas* (pp. 11-34). CLAYSS.

4

¿Cómo evaluar un proyecto de aprendizaje servicio universitario?

Inés Palape Pavelic
Gaby Sepúlveda Araya
Universidad Arturo Prat. Chile

Este capítulo se centra en la evaluación de proyectos de ApSU como un proceso integral y participativo. Presenta instrumentos para valorar expectativas, aprendizajes, competencias e impacto social, favoreciendo la reflexión crítica y el cierre significativo de las experiencias.

Introducción

En este capítulo exploraremos el rol de la evaluación en los proyectos de aprendizaje servicio universitario (ApSU), mostrando los contenidos clave y su secuencia lógica. Iniciaremos definiendo qué aspectos deben medirse, tales como participación estudiantil, impacto comunitario y desarrollo de competencias; y cómo cada docente, estudiante y socio comunitario interviene en las fases inicial, intermedia y de cierre que se han descrito en el primer capítulo. Luego, describiremos las principales herramientas, desde cuestionarios de competencias y diarios etnográficos hasta encuestas de satisfacción, y señalaremos su propósito, diseño y el momento oportuno para su uso.

A continuación, analizaremos los nodos críticos de la evaluación: planificación; retroalimentación; inclusión de voces diversas; y enfoque formativo, enfatizando la evaluación como proceso transformador. Por último, presentaremos un conjunto de instrumentos ilustrados con su imagen respectiva, detallando el momento de aplicación y ofreciendo indicaciones claras para su implementación. Este recorrido permitirá comprender tanto los principios teóricos como la práctica concreta de la evaluación en ApSU, facilitando la selección y adaptación de las herramientas más adecuadas a su contexto.

¿Qué es evaluar?

Consideramos la evaluación como una actividad conjunta que fomenta la reflexión, el aprendizaje y el cambio de todas las personas participantes. Más allá de medir resultados, se trata de generar espacios de diálogo en los que estudiantado, docentes y entidades comunitarias asumen de manera compartida la autonomía y la responsabilidad de cuestionar, revisar y mejorar cada fase del proyecto (Cabrera, 2010).

En el ApSU, evaluar significa acompañar para transformar el proyecto en un proceso formativo y colaborativo, en el que alumnado, docentes, socios comunitarios y personas receptoras del servicio participan activamente. Para ello, deben considerarse todas sus voces desde los instrumentos clave en cada caso, dado que omitirlas puede derivar en una pérdida de profundidad y sentido (Permach et al., 2024):

- *Alumnado universitario:* reflexión libre, cuestionario sobre competencias profesionales y diario etnográfico. La reflexión libre permite expresar vivencias y analizar las competencias y valores desarrollados durante el proceso. El cuestionario, aplicado al inicio y al final del proyecto, mide el desarrollo de competencias como el trabajo en equipo y la resolución de problemas. Finalmente, el diario etnográfico invita a reflexionar sobre los detalles metodológicos, las emociones y los aprendizajes obtenidos.
- *Entidades comunitarias colaboradoras:* entrevistas o grupos focales con las personas responsables. Las preguntas en estas entrevistas buscan comprender el impacto del proyecto en la comunidad y cómo ha contribuido al desarrollo profesional del alumnado.
- *Personas receptoras del servicio:* cuestionarios de satisfacción que miden la percepción sobre las actividades realizadas. A través de estos cuestionarios, las personas receptoras valoran la utilidad y el impacto de las actividades en su aprendizaje y bienestar.

Además, la evaluación debe seguir un hilo conductor que recorra las siguientes tres dimensiones interrelacionadas: participación, impacto y desarrollo competencial (imagen 1). Además, tal y como se ha mencionado, debe articular mecanismos de reflexión, registro y sistematización de manera transversal durante todo el ciclo (Puig et al., 2007; Palape et al., 2022):

- *Participación estudiantil:* el alumnado debe asumir sus roles en las distintas fases (inicial, de proceso y de cierre), para valorar su grado de compromiso, iniciativa y colaboración. La reflexión guiada y los registros de actividades permiten identificar obstáculos y oportunidades de mejora en el trabajo en equipo (Rivas-Valenzuela et al., 2021).

- *Impacto en la comunidad:* es importante evaluar los cambios reales en condiciones, percepciones y necesidades de quienes reciben el servicio. Entrevistas, grupos focales y encuestas de satisfacción recogen las voces de las personas beneficiarias, lo que asegura justicia epistémica y la visibilidad de sus experiencias (Vizcarra-Morales et al., 2021).

- *Desarrollo de competencias:* se debe, imprescindiblemente, medir el fortalecimiento de las habilidades socioemocionales, técnicas y de comunicación colaborativa que se hayan desplegado. Los instrumentos como las rúbricas de competencias, los portafolios y los cuestionarios específicos sirven para documentar avances y orientar la retroalimentación (Martín-García et al., 2021).

Para lograrlo, es esencial planificar la evaluación desde el inicio del proyecto. Sin instrumentos ni tiempos definidos en el diseño se limita a una visión superficial del proceso. Además, es importante evitar el foco excesivo en los productos para capturar la riqueza de los aprendizajes vividos, las relaciones construidas o las dificultades superadas.

Imagen 1. Evaluación tridimensional en ApSU

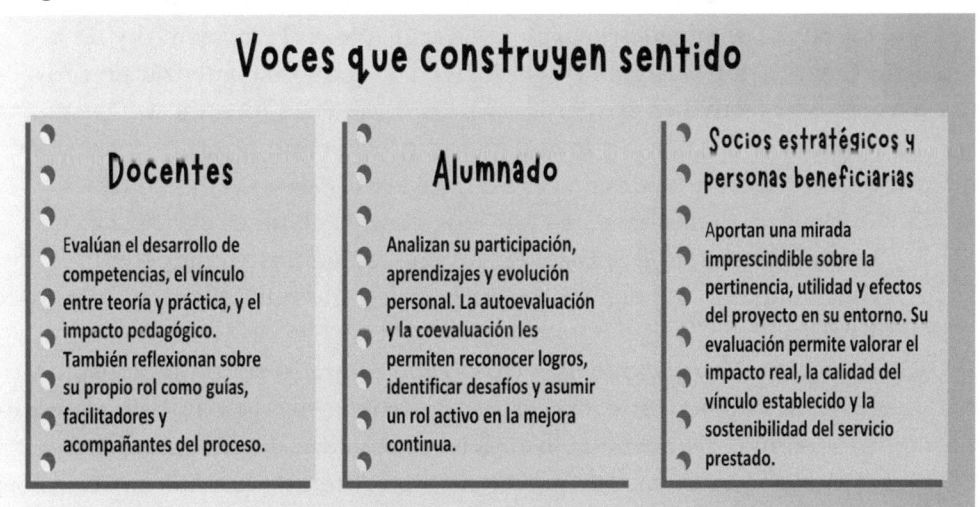

Fuente: Palape et al., 2022

¿Por qué es importante?

La evaluación no se limita a un acto final, sino que se trata de un motor formativo, donde la retroalimentación orienta ajustes inmediatos y proyecta acciones futuras con un enfoque ético y de justicia epistemológica. Genera aprendizajes, ajustes, mejoras continuas y compromiso social compartido (Tapia, 2018).

La etapa evaluativa en los proyectos de ApSU no solo busca constatar logros, sino también comprender procesos, resignificar aprendizajes y proyectar mejoras. Es decir, la evaluación se centra en el desarrollo de las diferentes etapas para conocer la calidad del aprendizaje adquirido en sentido amplio, el grado de protagonismo del alumnado en el proyecto y el grado de integración que se produjo entre el aprendizaje y el servicio solidario (González y Elicegui, 2001). Los instrumentos de evaluación no solo ayudan a medir el éxito de los proyectos de ApSU, sino que también promueven una reflexión crítica y mejoran la calidad de la educación universitaria.

¿Qué material se presenta?

Los recursos utilizados para la recogida de información son los que se enumeran a continuación.

Cuestionario de expectativas

El «cuestionario de expectativas» es una herramienta diseñada para recopilar la opinión inicial del alumnado (imagen 2, descargable en la imagen 3) y de la comunidad (imagen 4, descargable en la imagen 5) antes de comenzar un proyecto de ApSU. Su objetivo es ayudar a las y los docentes a identificar y gestionar las expectativas de los actores involucrados, previniendo posibles confusiones o frustraciones durante el desarrollo del proyecto (Palape et al., 2022).

El cuestionario contempla tres ámbitos clave (Palape et al., 2022):

- *Sobre el aprendizaje:* indaga en los conocimientos y competencias que el estudiantado espera poner en práctica o desarrollar a lo largo del proyecto.
- *Sobre actitudes:* incluye aspectos como el grado de protagonismo deseado, la interacción social esperada (colaboración y trabajo en equipo) y el nivel de aceptación previsto por parte de la comunidad.
- *Sobre el proyecto:* recoge percepciones sobre los desafíos anticipados, así como sobre la posible respuesta de la comunidad frente a la intervención.

Imagen 2. Cuestionario de expectativas para el alumnado

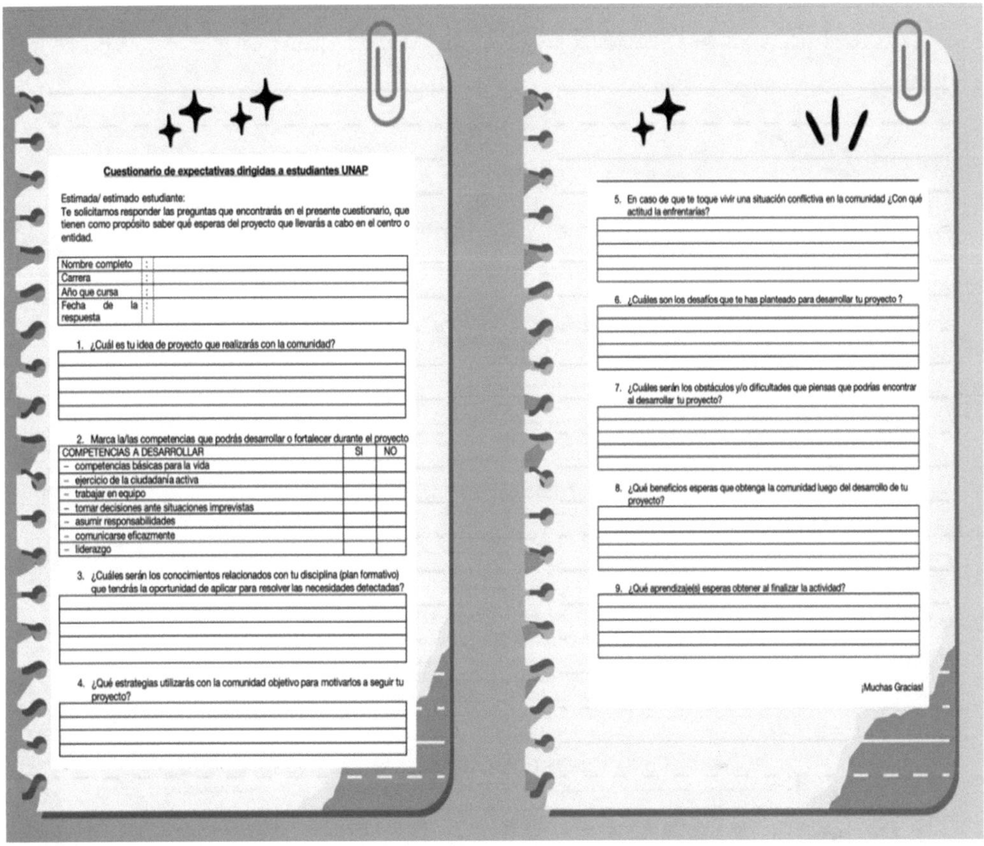

Cuestionario de expectativas dirigidas a estudiantes UNAP

Estimada/ estimado estudiante:
Te solicitamos responder las preguntas que encontrarás en el presente cuestionario, que tienen como propósito saber qué esperas del proyecto que llevarás a cabo en el centro o entidad.

Nombre completo	:	
Carrera	:	
Año que cursa	:	
Fecha de la respuesta	:	

1. ¿Cuál es tu idea de proyecto que realizarás con la comunidad?

2. Marca la/las competencias que podrás desarrollar o fortalecer durante el proyecto

COMPETENCIAS A DESARROLLAR	SI	NO
- competencias básicas para la vida		
- ejercicio de la ciudadanía activa		
- trabajar en equipo		
- tomar decisiones ante situaciones imprevistas		
- asumir responsabilidades		
- comunicarse eficazmente		
- liderazgo		

3. ¿Cuáles serán los conocimientos relacionados con tu disciplina (plan formativo) que tendrás la oportunidad de aplicar para resolver las necesidades detectadas?

4. ¿Qué estrategias utilizarás con la comunidad objetivo para motivarlos a seguir tu proyecto?

5. En caso de que te toque vivir una situación conflictiva en la comunidad ¿Con qué actitud la enfrentarías?

6. ¿Cuáles son los desafíos que te has planteado para desarrollar tu proyecto?

7. ¿Cuáles serán los obstáculos y/o dificultades que piensas que podrías encontrar al desarrollar tu proyecto?

8. ¿Qué beneficios esperas que obtenga la comunidad luego del desarrollo de tu proyecto?

9. ¿Qué aprendizaje(s) esperas obtener al finalizar la actividad?

¡Muchas Gracias!

Fuente: Palape et al., 2022

Imagen 3. QR para descargar el cuestionario de expectativas para el alumnado

Fuente: *https://materialesapsu.wordpress.com/wp-content/uploads/ 2025/12/4_1_cuestionario-de-expectativas_alumnado.pdf* (Palape et al., 2022)

Imagen 4. Cuestionario de expectativas para socios comunitarios

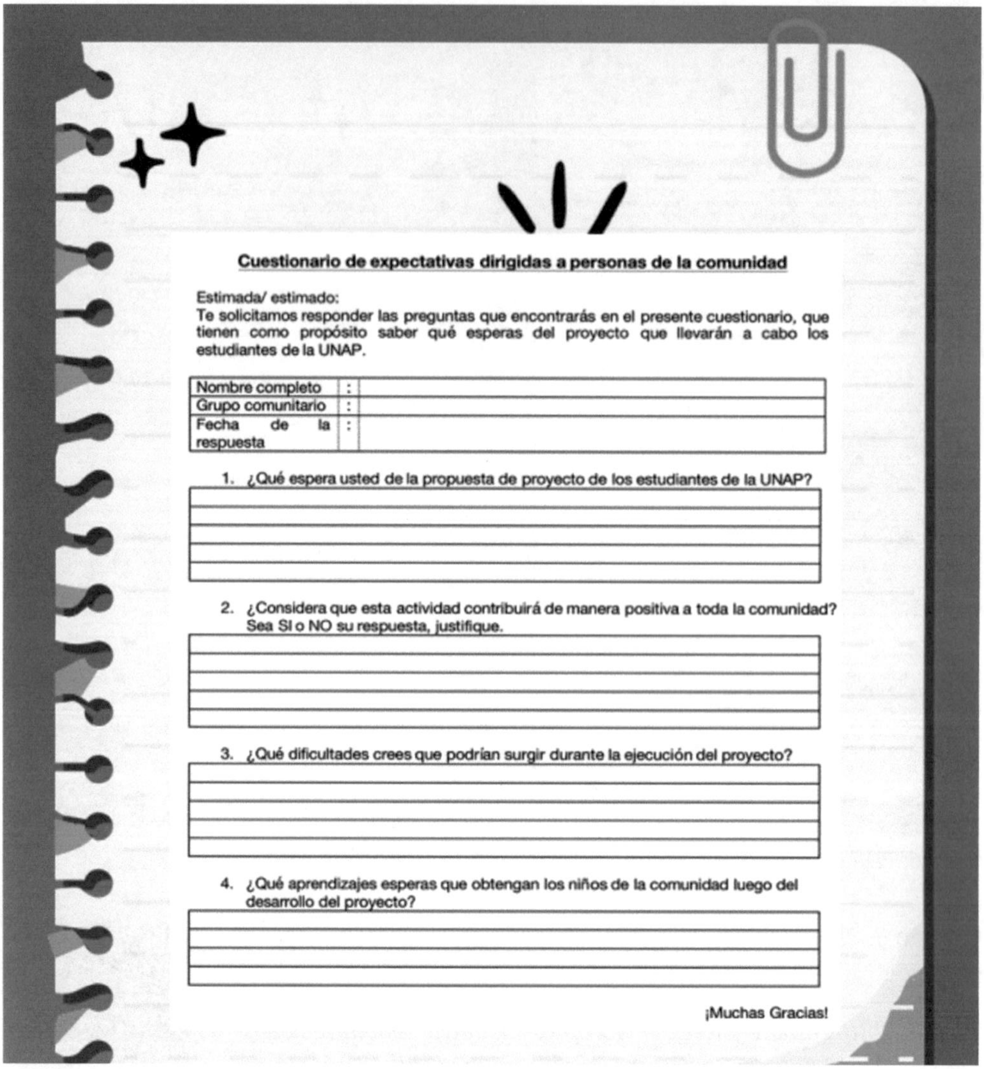

Cuestionario de expectativas dirigidas a personas de la comunidad

Estimada/ estimado:
Te solicitamos responder las preguntas que encontrarás en el presente cuestionario, que tienen como propósito saber qué esperas del proyecto que llevarán a cabo los estudiantes de la UNAP.

Nombre completo	:	
Grupo comunitario	:	
Fecha de la respuesta	:	

1. ¿Qué espera usted de la propuesta de proyecto de los estudiantes de la UNAP?

2. ¿Considera que esta actividad contribuirá de manera positiva a toda la comunidad? Sea SI o NO su respuesta, justifique.

3. ¿Qué dificultades crees que podrían surgir durante la ejecución del proyecto?

4. ¿Qué aprendizajes esperas que obtengan los niños de la comunidad luego del desarrollo del proyecto?

¡Muchas Gracias!

Fuente: Palape et al., 2022

Imagen 5. QR para descargar el cuestionario de expectativas para los socios comunitarios

Fuente: *https://materialesapsu.wordpress.com/wp-content/uploads/2025/12/4_2_cuestionario-expectativas_socios.pdf* (Palape et al., 2022)

Guía para la narración etnográfica (diario de estudiantes)

La «guía para la narración etnográfica», o «diario de estudiantes», es un instrumento reflexivo que permite documentar y analizar la experiencia educativa durante un proyecto de ApSU, lo que contribuye a consolidar una narrativa integral. Diseñado para fomentar una mirada crítica y la capacidad de autoconocimiento, este recurso ayuda a registrar anécdotas, emociones, interacciones y aspectos metodológicos de cada jornada. También permite evaluar el proceso desarrollado por el alumnado, el aprendizaje adquirido y las competencias desarrolladas.

Puede recoger los siguientes contenidos (Palape et al., 2022) (descargable en la imagen 6):

Imagen 6. QR para descargar la guía para la narración etnográfica

- Observaciones sobre la organización del espacio, el tiempo, las normas y la planificación.
- Reflexiones sobre la dinámica grupal, las relaciones sociales, las dificultades enfrentadas y los aprendizajes significativos.
- Reacciones de las personas beneficiarias y valoraciones de la intervención.
- Registro de incidentes críticos, facilitadores y obstáculos del proceso.
- Incorporación de evidencias visuales y conclusiones diarias.

Fuente: *https://materialesapsu.wordpress.com/ wp-content/uploads /2025/12/4_3_guion-narracion-etnografica.pdf* (Palape et al., 2022)

Cuestionario de adquisición de competencias

Este cuestionario permite evaluar el desarrollo de competencias adquiridas por el estudiantado durante un proyecto de ApSU. Está estructurado en dos dimensiones complementarias:

- *Competencias profesionales:* mide la aplicación del conocimiento teórico-práctico, la resolución de problemas, el trabajo en contextos reales y la comunicación oral y escrita (imagen 7).
- *Competencias interpersonales:* evalúa aspectos como la comprensión de necesidades sociales, el trabajo colaborativo con entidades, la motivación académica y el compromiso con la mejora social.

El cuestionario incluye también un espacio para reflexiones personales informadas, la identificación de dificultades enfrentadas, los logros obtenidos, un plan de mejora del proyecto y la valoración sobre la formación recibida. Su aplicación facilita una evaluación integral del aprendizaje logrado, lo que promueve la autorreflexión y el crecimiento profesional y ciudadano (descargable en la imagen 8).

Imagen 7. Dimensión «Competencias profesionales» del cuestionario de adquisición de competencias

Competencias	Totalmente 4	Suficiente 3	Poco 2	Nada 1	No sé / No quiero contestar 0
1. Utilizar el conocimiento teórico y práctico adquirido, aplicar la teoría y la práctica a la situación (educativa) actual para generar nuevos conocimientos y poder solucionar los problemas que surgen en el proceso.					
1.1. He podido comprender mejor los problemas/retos que he encontrado en la práctica y he analizado las situaciones en función de la teoría recibida en mi carrera. Ejemplos:	4	3	2	1	0
1.2. Para diseñar el proyecto (la intervención) y los instrumentos de evaluación me he basado en las teorías conocidas y he intentado buscar nuevas vías de actuación. Ejemplos:	4	3	2	1	0
1.3. Para que la intervención realizada sea adecuada y exitosa y los instrumentos para recoger información elaborados sean contextualizados y desafiantes me he basado en la teoría conocida, intentando buscar los porqués de cada acción. Ejemplos:	4	3	2	1	0

Fuente: Palape et al., 2022

Imagen 8. QR para descargar el cuestionario de adquisición de competencias
Fuente: *https://materialesapsu.wordpress.com/wp-content/uploads /2025/12/4_4_cuestionario-adquisicioon-de-competencias.pdf* (Palape et al., 2022)

Cuestionario de autoevaluación

Este cuestionario, orientado a la autorreflexión del estudiantado, permite evaluar su participación en los proyectos de ApSU y valorar distintos aspectos del proceso. Se estructura en tres dimensiones (Palape et al., 2022):

- *Participación:* mide el grado de intervención del alumnado en diversas fases del proyecto y los factores que influyeron en su implicación, mediante una escala de valoración de 1 a 5 (imagen 9).
- *Ejecución del proyecto:* recoge la satisfacción del estudiantado, respecto al diseño, desarrollo y resultados del proyecto, así como su disposición a participar en futuras iniciativas sociales.
- *Proyecciones y mejoras:* identifica áreas susceptibles de ser mejoradas (organización, coordinación, currículo, impacto) y permite dejar comentarios abiertos.

Este instrumento favorece una mirada crítica y constructiva sobre la experiencia, y su aplicación garantiza la confidencialidad de las respuestas, por lo que promueve una evaluación honesta y formativa (descargable en la imagen 10).

Imagen 9. Dimensión «participación» del cuestionario de autoevaluación

DIMENSIÓN PARTICIPACIÓN Indica con cuál o cuáles de las siguientes afirmaciones te identificas con el proyecto de ApS (puedes marcar con una *x* más de una opción):
He participado en todo el proceso.
He participado en algunos momentos del proceso.
He dado mi opinión siempre que he querido.
He colaborado de manera voluntaria.
Siempre he pedido información.
Se ha generado un nuevo proyecto a partir de mi participación.
Mi participación ha sido suficiente.
Mi participación ha sido nula.
He ido cada día que me tocaba.
He participado en el diagnóstico de la necesidad.
He participado en la evaluación del proyecto.

Imagen 10. QR para descargar el cuestionario de autoevaluación

Fuente: *https://materialesapsu.wordpress.com/wp-content/uploads/2025/12/4_5_cuestionario-de-autoevaluacion.pdf* (Palape et al., 2022)

¿Cómo se propone utilizarlo?

El fin de cada material presentado es concreto y, por lo tanto, estos atienden a fases diferentes del desarrollo de los proyectos de ApSU:

- *Cuestionario de expectativas:* se recomienda aplicarlo en la fase inicial del proyecto y analizar sus resultados de manera participativa para alinear las expectativas de todas las personas implicadas.
- *Guía para la narración etnográfica:* se recomienda aplicarlo durante todo el desarrollo del proyecto, pero, especialmente, durante el diseño e implementación. La información recogida debe ser analizada desde una perspectiva crítica tanto hacia el servicio como hacia los aprendizajes adquiridos.
- *Cuestionario de adquisición de competencias:* se recomienda aplicarlo en la fase final del proyecto de ApSU, una vez que el estudiantado ha participado en las actividades de servicio y en los procesos de aprendizaje asociados. Su administración en este momento permite valorar de manera precisa el nivel de desarrollo de las competencias profesionales e interpersonales adquiridas.
- *Cuestionario de autoevaluación:* se recomienda aplicarlo al finalizar el proyecto de ApSU, una vez que el estudiantado ha vivido todo el proceso de diseño, implementación y cierre de la experiencia. Su aplicación en esta etapa permite obtener una valoración informada sobre diversos aspectos del proyecto.

Recapitulación

La evaluación en ApSU es un proceso formativo y colaborativo que impulsa la reflexión, el aprendizaje y el cambio, involucrando de manera compartida a estudiantes, docentes y socios comunitarios.

Para decidir qué evaluar, se deben considerar tres dimensiones clave:

- *Participación estudiantil:* compromiso, iniciativas y colaboración en fases inicial, de proceso y cierre.
- *Impacto comunitario:* transformaciones reales en quienes reciben el servicio, recogidas mediante entrevistas, grupos focales y encuestas.
- *Desarrollo de competencias:* fortalezas socioemocionales, técnicas y de trabajo colaborativo, documentadas con rúbricas, portafolios y cuestionarios.

- La evaluación de cada dimensión requiere instrumentos concretos en momentos definidos del proyecto, con personas responsables claras y el soporte de tecnologías colaborativas para el registro y la difusión.
- El capítulo presenta un catálogo de instrumentos ilustrados, desde cuestionarios de expectativas hasta diarios etnográficos y autoevaluaciones, con indicaciones sobre su propósito, momento de aplicación e instrucciones de uso.
- Una evaluación continua y participativa asegura no solo la medición de metas, sino el fortalecimiento de la ciudadanía responsable y el compromiso social sostenido, sentando las bases para nuevos proyectos de ApSU.

Referencias bibliográficas

Cabrera, F. (2010). Evaluar para la transformación social. En A. Boza et al. (Coords.), *Educación, Investigación y Desarrollo Social* (pp. 67-102). Narcea.

González, A. S. y Elicegui, P. J. (Eds.) (2001). *Guía para emprender un proyecto de aprendizaje-servicio* (4.ª ed.). Programa Nacional Escuela y Comunidad. Ministerio de Educación.

Martín-García, X. et al. (2021). El mapa de los valores del Aprendizaje-Servicio. *Alteridad. Revista de Educación, 16*(1), 12-22. https://doi.org/10.17163/alt.v16n1.2021.01

Palape, I. et al. (2022). Luces y sombras del aprendizaje-servicio: dificultades y decisiones para poner en marcha los proyectos. *RIDAS, Revista Iberoamericana de Aprendizaje Servicio*, (13), 1-19. http//doi.org/1344/RIDAS2022.13.1

Permach, N. et al. (2024). Diseño de herramientas de evaluación para proyectos de aprendizaje-servicio en el ámbito universitario. En B. Berral et al. (Eds.), *Investigación para la mejora de las prácticas educativas desde una perspectiva holística* (pp. 2231-2243). Dykinson.

Puig, J. M. et al. (2007). *Aprendizaje servicio. Educar para la ciudadanía.* Octaedro y Ministerio de Educación y Ciencia.

Rivas-Valenzuela, J., Rivera-García, E. y Trigueros-Cervantes, C. (2021). Construyendo teorías implícitas desde el Aprendizaje-Servicio en Comunidades de Aprendizaje. *Estudios pedagógicos, 47*(4), 167-191. http://dx.doi.org/10.4067/S0718-07052021000400167

Tapia, M. N. (2018). *Guía para desarrollar proyectos de aprendizaje-servicio solidario.* Edición Perú. CLAYSS.

Vizcarra-Morales, M. T. et al. (2021). Valoraciones sobre una experiencia de Aprendizaje-Servicio en el programa Campus Bizia Lab. *Estudios pedagógicos, 47*(4), 213-230. http://dx.doi.org/10.4067/S0718-07052021000400213

5

Aprendizaje servicio universitario como una pedagogía de justicia y transformación

Irati Leon Hernandez
Universidad del País Vasco
Alberto Moreno Doña
Universidad de Valparaíso. Chile
Johan Rivas Valenzuela
Pontificia Universidad Católica de Valparaíso. Chile

El capítulo propone una reflexión crítica del ApSU como pedagogía orientada a la justicia social y la transformación universitaria. Analiza desafíos estructurales y epistemológicos y plantea interrogantes para repensar el papel social de la universidad.

Comenzando a construir el final

El recorrido desarrollado a lo largo de este libro reafirma que el aprendizaje servicio universitario (ApSU) trasciende el estatuto de una mera metodología didáctica para situarse como una auténtica filosofía pedagógica y social. En su núcleo, el ApSU vincula el aprendizaje académico con la justicia social y la transformación comunitaria (Kenworthy y U'Ren, 2025), invitando a estudiantes, docentes e instituciones a concebir la educación como praxis crítica y compromiso ético con la realidad (Harpine, 2024; Sorochinski, 2025). Este carácter transformador se refleja en la naturaleza misma de la obra, que emerge como un proyecto colectivo y polifónico, fruto de colaboraciones transnacionales y del encuentro de múltiples voces. La diversidad de experiencias aquí recogidas encarna la lógica del ApSU, recordándonos que no existe un único camino ni un marco universal, sino una constelación de prácticas situadas que se nutren de la reciprocidad y la corresponsabilidad.

El libro ha permitido revisar las bases conceptuales de este enfoque: sus principios éticos y pedagógicos, los beneficios que aporta al alumnado, al profesorado y a la comunidad, así como las fases fundamentales que lo constituyen y su potencial para reimaginar el papel de la universidad en la sociedad contemporánea (Choi, Han y Kim, 2023; Modić y Mikelić, 2024). En este marco, la puesta en marcha de un proyecto de ApSU se comprende como un proceso de diseño colaborativo que comienza con el diagnóstico y la planificación, se sostiene en la motivación de todos los actores y se fortalece a partir del protagonismo estudiantil y de la implicación ética del profesorado (Kaliappen, 2024; Kovaric y Luk, 2025).

El seguimiento de los proyectos aparece como una etapa formativa y técnica que garantiza su viabilidad, favorece la retroalimentación continua y refuerza la colaboración entre quienes participan. La evaluación, por su parte, no se concibe como un cierre meramente administrativo, sino como un proceso ético y transformador que atraviesa todas las fases, reconoce aprendizajes diversos y consolida la corresponsabilidad compartida (Schultes et al., 2025).

A lo largo de estas páginas se ha evidenciado que el ApSU genera una transformación compartida: modifica a quienes aprenden, pero también interpela y transforma a docentes, instituciones y comunidades. Se confirma, además, la centralidad de la horizontalidad, la reciprocidad y la corresponsabilidad como principios que sostienen tanto la práctica como la reflexión pedagógica. Finalmente, se ha destacado la consolidación de herramientas prácticas, *checklists*, guiones reflexivos, rúbricas y portafolios, que permiten materializar esta filosofía y la vuelven replicable en diferentes contextos. Dichas herramientas no reducen la riqueza del ApSU a un manual de procedimientos, sino que constituyen mediaciones que ayudan a sostener la práctica y a fortalecer su dimensión transformadora.

En síntesis, el camino revisado confirma que el ApS no es solo una estrategia para vincular docencia y comunidad, sino una filosofía crítica y situada que cuestiona la separación entre el aula y la sociedad, entre la universidad y la vida, que propone un espacio intermedio de reciprocidad donde la producción de saberes se vincula con la lucha por la justicia social.

Desafíos estructurales: entre institucionalización y mercantilización

Uno de los retos más urgentes es la institucionalización del ApSU. La experiencia demuestra que, si no se consolida un compromiso institucional claro, el ApSU queda supeditado a la motivación personal de algunos y algunas docentes. Sin embargo, la institucionalización encierra una paradoja: aquello que busca garantizar continuidad y sostenibilidad puede, al mismo tiempo, vaciar de radicalidad la propuesta, transformándola en un recurso estético con el cual la universidad se autopromociona como socialmente comprometida, mientras mantiene intactas sus lógicas de mercado y exclusión.

En este punto resulta fundamental denunciar la mercantilización de las prácticas transformadoras. La universidad neoliberal tiende a instrumentalizar cualquier experiencia crítica, convirtiéndola en un dispositivo de legitimación sin alterar sus estructuras de poder. El ApSU corre el riesgo de convertirse en un «sello» o en una marca de responsabilidad social universitaria y de perder así su carácter disruptivo. El desafío, entonces, consiste en habitar esa tensión, buscando estrategias que permitan consolidar el ApSU como práctica estable sin ceder a su captura institucional.

Otro reto estructural ineludible son los tiempos y recursos (Rivas-Valenzuela et al., 2025). Los ritmos académicos suelen entrar en conflicto con los tiempos comunitarios. La lógica de la calendarización semestral, de la acreditación y de la productividad investigativa rara vez coincide con los ritmos de los procesos sociales y comunitarios, que requieren escucha, confianza y continuidad. De ahí que el ApSU nos obligue a cuestionar los propios ritmos de la universidad, ralentizando su maquinaria para abrirse a otras temporalidades, más ligadas al cuidado, la construcción de vínculos y la memoria.

Finalmente, la formación docente constituye otro eje estructural. No basta con motivación; se requieren competencias específicas en metodologías participativas y dialógicas, trabajo interdisciplinar y evaluación transformadora. Sin docentes capaces de acompañar críticamente a los y las estudiantes y de dialogar con la comunidad desde la humildad y la ética, el ApSU corre el riesgo de caer en prácticas asistencialistas o superficiales.

Desafíos epistemológicos y pedagógicos: hacia una justicia epistémica

El ApSU interpela de manera directa los modelos de conocimiento que la universidad ha legitimado históricamente. Un reto central es avanzar hacia una justicia epistémica que reconozca los saberes comunitarios como conocimientos válidos, no como insumos para la investigación universitaria ni como folclore cultural. Esto implica descentrar la hegemonía académica y aceptar que el saber no reside exclusivamente en la universidad.

Desde esta perspectiva crítica, el ApSU no puede limitarse a la transferencia de conocimientos académicos hacia las comunidades. Más bien debe convertirse en un espacio de diálogo horizontal, donde se coconstruyen sentidos y prácticas que transforman tanto a la universidad como a la comunidad (Moreno-Doña et al., 2023). Aquí radica su potencial emancipador y, al mismo tiempo, su fragilidad: la universidad tiene una larga tradición de extractivismo epistemológico que debe ser resistida conscientemente.

Otro desafío epistemológico es la diversidad de contextos. El ApSU no puede estandarizarse ni homogenizarse; debe permanecer abierto a la pluralidad de territorios, culturas y subjetividades. La lógica de la estandarización, propia de los sistemas de calidad universitaria, es incompatible con una práctica que, en esencia, se funda en el reconocimiento de la diferencia. La flexibilidad, la adaptabilidad y la atención a lo afectivo y relacional son condiciones indispensables para que el ApSU no se convierta en una experiencia vacía.

Por último, la evaluación del impacto sigue siendo un campo problemático (Lin et al., 2025). A pesar de la existencia de rúbricas, portafolios y guías reflexivas, aún falta construir metodologías participativas y críticas que permitan comprender el alcance del ApSU a largo plazo, tanto en la transformación universitaria como en los procesos comunitarios. Evaluar el impacto no debe reducirse a indicadores cuantitativos, sino abrirse a formas de reconocimiento narrativas, afectivas y colectivas, que den cuenta de la densidad de los aprendizajes y de las transformaciones mutuas.

Hacia una universidad transformadora: grietas y aperturas

El ApSU nos recuerda que la universidad no puede concebirse únicamente como un espacio de transmisión de conocimientos, sino como un lugar de encuentro, conflicto y transformación social. En un contexto marcado por la mercantilización del saber, el ApSU constituye una grieta que permite imaginar otra universidad: menos autorreferencial, más permeable a su entorno, más consciente de su responsabilidad con la sociedad y con la tierra.

El desafío no consiste en integrar el ApSU como una asignatura más o como un requisito curricular, sino en permitir que permee la lógica universitaria en su conjunto. Ello supone transformar la manera en que entendemos la investigación, la docencia y la extensión, rompiendo las fronteras entre estas funciones.

En este sentido, este libro no debe leerse como una clausura, sino como un punto de partida. Los aportes aquí reunidos constituyen una invitación a seguir experimentando, investigando y reflexionando, con la certeza de que el ApSU no es una propuesta acabada, sino una práctica en permanente construcción.

A modo de cierre: preguntas abiertas para seguir caminando

El ApSU nos prepara no solo para habitar la vida, sino para transformarla. Y esa transformación no se reduce a la experiencia individual de las y los estudiantes: alcanza a docentes, comunidades e instituciones, configurando un movimiento de cambio compartido que interpela a la universidad en su conjunto. Sin embargo, lejos de ofrecer respuestas definitivas, este libro quiere concluir con preguntas abiertas, como gesto de humildad epistémica y como invitación a continuar el camino en diálogo y acción colectiva.

- ¿Cómo sostener la radicalidad crítica del ApSU frente a la tendencia institucional a domesticarlo y convertirlo en mera técnica?
- ¿De qué modos generar justicia epistémica real, donde las voces comunitarias no sean subordinadas sino reconocidas como fuentes legítimas de conocimiento?
- ¿Cómo resistir la lógica de la estandarización y defender la diversidad cultural, territorial y afectiva que constituye la esencia del ApSU?
- ¿Qué nuevas metodologías de evaluación pueden capturar la complejidad de las transformaciones que provoca, sin reducirlas a métricas cuantificables?

Con estas preguntas abiertas, proponemos mantener vivo el horizonte de una universidad que se asuma corresponsable con la sociedad y con la tierra y que se proyecte como espacio de resistencia, creatividad y apertura. El ApSU, más que un método, es una práctica ética y política que nos recuerda que la educación no se agota en la transmisión de contenidos, sino que se despliega como posibilidad de imaginar y construir otros mundos posibles.

Invitamos, por tanto, a seguir fortaleciendo redes iberoamericanas de colaboración, donde esta apuesta colectiva pueda seguir creciendo, interpelando y reinventando la propia universidad.

Referencias bibliográficas

Choi, Y., Han, J. y Kim, H. (2023). Exploring key service-learning experiences that promote students' learning in higher education. *Asia Pacific Educ. Rev.* https://doi.org/10.1007/s12564-023-09833-5

Harpine, E.C. (2024). *Service Learning in Higher Education: From Pedagogy to Practice* (1.ª ed.). Springer. https://doi.org/10.1007/978-3-031-51378-7

Kaliappen, N. (2024). Applying Community-Engaged Service Learning to Enhance Students' Knowledge, Civic Engagement and Social Responsibility. *AIB Insights*, *25*(1). https://doi.org/10.46697/001c.127176

Kenworthy, A.L. y U'Ren, M.R.K. (2025). Teaching within war in Ukraine: applying an ethic of care lens to extend our understanding of service-learning theory and praxis. *Studies in Higher Education*, 1-15. https://doi.org/10.1080/03075079.2025.2484657

Kovaric, K. y Luk, J. (2025). Impact of a Service Learning Curriculum that Emphasizes Bidirectional Learning on Medical Students' Professional Identity Formation. *Med.Sci.Educ.*, (35), 371-379. https://doi.org/10.1007/s40670-024-02202-w

Lin, S. et al. (2025). The impact of mandatory academic service-learning on university graduates' continual civic engagement: evidence from a curriculum reform. *Higher Education Research & Development, 44*(5), 1143-1157. https://doi.org/10.1080/07294360.2025.2467901

Modić, K. y Mikelić, N. (2024). *Service-Learning Tackling Educational Inequality. En The Palgrave Handbook of Global Social Problems* (pp. 1-28). Palgrave Macmillan. https://doi.org/10.1007/978-3-030-68127-2_392-2

Moreno-Doña, A. et al. (2023). Investigando la "CRÍTICA" en el Aprendizaje Servicio Universitario: ¿una cuestión técnica? *Estudios Pedagógicos, 49*(Especial), 263-285. https://doi.org/10.4067/S0718-07052023000300263

Rivas-Valenzuela, J. et al. (2025). Desafíos y Complejidades del Aprendizaje-Servicio en Ciencias de la Actividad Física y el Deporte: Un estudio Cualitativo. *Estudios Pedagógicos, 51*(1), 217-234. https://doi.org/10.4067/S0718-07052025000100217

Schultes, M.T. et al. (2025). Implementation and evaluation of service learning at higher education institutions. *Evaluation and Program Planning*, (112), 102622. https://doi.org/10.1016/j.evalprogplan.2025.102622

Sorochinski, M. (2025). "Justice Served": The Dual Impact of Academic Service-Learning Programs on Exoneree Reintegration and Transformative Experience for Students. *Journal of Criminal Justice Education*, 1-20.

Sobre los autores

Ana Luisa López-Vélez es profesora del Departamento de Didáctica y Organización Escolar en la Universidad del País Vasco (EHU). Investigadora principal del proyecto con Latinoamérica «Investigando sobre el ApSU en los grados relacionados con Educación para fomentar la inclusión y la justicia social» (EHU L23/21). *analuisa.lopez@ehu.es*

María Teresa Vizcarra Morales es profesora titular de universidad del Departamento de Didáctica de la Expresión Musical, Plástica y Corporal en la Universidad del País Vasco (EHU). Co-investigadora principal del proyecto con Latinoamérica «Investigando sobre el ApSU en los grados relacionados con Educación para fomentar la inclusión y la justicia social» (EHU L23/21). Investigadora principal del grupo de investigación consolidado IkHezi (Investigación Educativa [IT1703-22]). *mariate.bizkarra@ehu.es*

Rakel Gamito Gómez es doctora en Ciencias de la Educación, profesora del Departamento de Didáctica y Organización Escolar en la Universidad del País Vasco (UPV/EHU) e investigadora del grupo IkHezi. *rakel.gamito@ehu.eus*

José Santiago Andrade Zapata es profesor agregado 3 de la PUCE en la Dirección de Identidad y Misión de la Pontificia Universidad Católica del Ecuador desde 2002. Participa en la creación del Grupo de Investigación (GI) de Aprendizaje-Servicio (GIApS), del GI en Psicología, Ambiente, Salud y Sociedad. *jsandrade@puce.edu.ec*

Olatz Bastarrica Varela es profesora del Departamento de Educación Física y Deportiva en la Universidad del País Vasco (EHU). Investigadora del proyecto con Latinoamérica «Investigando sobre el ApSU en los grados relacionados con Educación para fomentar la inclusión y la justicia social» (EHU L23/21). Investigadora del grupo de investigación consolidado IkHezi (IT1703-22). *olatz.bastarrica@ehu.eus*

Bastian Carter-Thuillier es doctor en Investigación Transdisciplinar en Educación y actualmente se desempeña como académico del Departamento de Educación en la Universidad de Los Lagos (Chile). Sus principales líneas de investigación son: aspectos socioculturales de la educación; inmigración, interculturalidad y educación; evaluación formativa y compartida; metodologías activas; y educación física y deporte.

Haizea Galarraga Arrizabalaga es docente en el Departamento de Didáctica y Organización Escolar y directora de Acción Social (Universidad del País Vasco, EHU). Investigadora en varios proyectos sobre aprendizaje-servicio, uno de ellos internacional en colaboración con Latinoamérica, y coordinadora de un proyecto de ApS universitario financiado por la EHU. *haizea.galarraga@ehu.es*

Ainhoa Gómez-Pintado es docente de Didáctica de la Expresión Plástica en la Facultad de Educación y Deporte de la Universidad del País Vasco (UPV/EHU) e investigadora en el grupo IkHezi (Investigación Educativa). *ainhoa.gomez@ehu.eus*

Irati Leon Hernandez es profesora asociada en el Departamento de Didáctica y Organización Escolar de la Universidad del País Vasco (EHU) y participante en el grupo de investigación IkHezi, grupo consolidado del Gobierno Vasco (IT1703-22). Las principales líneas de investigación son la perspectiva de género y las pedagogías feministas, el aprendizaje servicio (ApS) y la diversidad e inclusión escolar. *irati.leon@ehu.eus*

Paulina Martínez Pinto es académica del Departamento de Ciencias Sociales en la Universidad de Tarapacá (UTA) de Chile. Investigadora del proyecto «Investigando sobre el ApSU en los grados relacionados con Educación para fomentar la inclusión y la justicia social» (EHU L23/21). *pmartinezp@academicos.uta.cl*

Alberto Moreno Doña es jerezano de nacimiento, chileno de adopción y albaicinero de corazón. Ha hecho de la educación un territorio de compromiso y esperanza. Profesor titular de la Universidad de Valparaíso de Chile. Articula docencia, investigación y gestión académica desde una vocación pública y profundamente humana. Su trabajo se teje en la relación entre decolonialidad y educación crítica. *amorenodona@gmail.com*

Inés Palape Pavelic es doctora en Psicodidáctica e investigadora en aprendizaje-servicio. Su tesis doctoral analiza la implementación del ApS en educación superior, aportando orientaciones para su diseño y evaluación. Es integrante del proyecto internacional EHU-Latinoamérica (EHU-L25/19), orientado a investigar el aprendizaje-servicio universitario en universidades de Iberoamérica. *ipalape@gmail.com*

Johan Rivas Valenzuela es profesor e investigador cualitativo de la Escuela de Educación Física de la Pontificia Universidad Católica de Valparaíso. Especialista en análisis con el *software* NVivo 15. *johan.rivas@pucv.cl*

Gaby Andrea Sepúlveda Araya es académica de la Facultad de Ciencias Humanas, adscrita a la carrera Pedagogía en educación física de la Universidad Arturo Prat en Chile (UNAP). Coinvestigadora del proyecto con Latinoamérica «Investigando sobre el ApSU en los grados relacionados con Educación para fomentar la inclusión y la justicia social» (EHU L23/21). *gabysepu@unap.cl*